建构
幼儿园一日生活
——育美文化下的园本课程建设中教师专业能力提升

吕欣　肖文惠　吴雪　主编

哈尔滨出版社

HARBIN PUBLISHING HOUSE

图书在版编目（CIP）数据

建构高质量幼儿园一日生活：育美文化下的园本课程建设中教师专业能力提升 / 吕欣, 肖文惠, 吴雪主编. -- 哈尔滨：哈尔滨出版社, 2023.6
ISBN 978-7-5484-7344-2

Ⅰ.①建… Ⅱ.①吕… ②肖… ③吴… Ⅲ.①幼教人员—师资培养—研究 Ⅳ.①G615

中国国家版本馆CIP数据核字(2023)第116879号

书　　名：建构高质量幼儿园一日生活——育美文化下的园本课程建设中教师专业能力提升
　　　　　JIANGOU GAOZHILIANG YOUERYUAN YIRI SHENGHUO——YUMEI WENHUA XIADE YUANBEN KECHENG JIANSHEZHONG JIAOSHI ZHUANYE NENGLI TISHENG

作　　者：吕　欣　肖文惠　吴　雪　主编
责任编辑：王　婷
装帧设计：百悦兰堂［BAIYUE LANTANG］

出版发行：哈尔滨出版社（Harbin Publishing House）
社　　址：哈尔滨市香坊区泰山路82-9号　　邮编：150090
经　　销：全国新华书店
印　　刷：廊坊市海涛印刷有限公司
网　　址：www.hrbcbs.com
E-mail：hrbcbs@yeah.net
编辑版权热线：（0451）87900271　87900272
销售热线：（0451）87900202　87900203

开　　本：787mm×1092mm　1/16　印张：14.5　字数：189千字
版　　次：2023年6月第1版
印　　次：2023年6月第1次印刷
书　　号：ISBN 978-7-5484-7344-2
定　　价：68.00元

编委会

序言

北京一幼海晟实验园城市副中心园是一所隶属于北京市通州区教育委员会的公办幼儿园，是北京市示范幼儿园，办园规模为一园两址。园所秉承"源于母体、别于母体、共同发展"的办园思路，立足一幼海晟多年形成的"融合多元文化，孕育精彩明天"的教育特色优势，创建了"育美文化"体系，确立了"培养爱心、健康、文明、创新的副中心园最美小公民"的育人目标。

"育美文化"源于费孝通先生的"各美其美，美人之美，美美与共，天下大同"的理念。在"育美文化"的实践探索中，幼儿园是基于儿童的视角观察解读儿童行为，找到儿童的兴趣与需要，让他们在一日活动中直接感知、亲身体验、乐于探究、主动学习。

我们倡导的"育美文化"也是一种大美育观，美是好与善的总括，代表着教育的品质。从踏入园所的那一刻起，"美"便贯穿于教师与幼儿的一日生活之中，环境之美，在于对人的滋养，"会说话的环境"潜移默化地影响着孩子；课程之美，在于与真实的生活互动，落实一日生活皆教育；关系之美，在于和万事万物共创共生，在园所中，无论是老师和孩子、老师与老师、孩子与孩子、领导与老师，我们一直弘扬的是爱与和谐，感恩与奉献；文化之美，在于被充分地允许，允许老师们有大胆的创新，鼓励孩子们的各种奇思妙想！

自建园之初，我园便以育美文化教育为特色，为幼儿创设丰富多彩的育美文化成长环境。我们从"爱心小天使""文明小主人""健康小卫士""创新小能手"四个角度，对各年龄段幼儿的重点培养目标进行了划分。在做"爱心小天使"这个培养目标下，小班的培养重点是有爱心、知感恩；中班的培养重点是喜助人、送温暖；大班的培养重点是懂孝敬、乐奉献；在做"文明小主人"这个培养目标下，小班的培养重点是有礼貌、讲文明；中班的培养重点是乐交往、爱祖国；大班的培养重点是会合作、懂诚信；在做"健康小卫士"这个培养目标下，小班的培养重点是讲卫生、不挑食；中班的培养重点是知保护、勤锻炼；大班的培养重点是好习惯、做家务；在做"创新小能手"这个培养目标下，小班的培养重点是喜阅读、爱自然，中班的培养目标是乐表达、勤动手；大班的培养目标是善发现、乐探究。为了使教学活动更加贴近幼儿的生活和喜好，我们制定了四大课程主题，分别是"动物""服饰""美食"和"建筑"。通过课程活动，幼儿能够更加生动地感受到生活中的"美"，萌发出热爱生活、创造美好生活的情感。在本书中，我园教师也会将园所如何落实园所文化的具体开展过程进行详细说明。

建园三年来，我园先后获得"北京市幼儿园办园质量评估 A 级标准"园所、"通州区教育系统青年文明号"等荣誉称号，逐步将幼儿园打造成一所质量优异、校园优美、师资优秀的幸福乐园。作为北京一幼海晟实验园副中心幼儿园的一员，我们深深地热爱着这所年轻、有朝气的园所，热爱着园所里的一草一木，热爱着我们的每一个孩子。编著此书的目的一是勉励所有刚步入幼教职场不久的青年教师们，踏实求学，从幼儿生活一日的各个环节悉心学习，理论与实践相结合，不但要知其然还要知其所以然。站在幼儿的视角，观察孩子、倾听孩子、理解孩子，不断提升自身教育行为的专业性；二是鼓励我们的经验型教师，不忘初心，多思考，多创新，将教育理论与实践研究融会贯通，同时能够将班级文化与园所文化有机结合，成为提升园所教育质量的中坚力量；三是抛砖引玉，通过我们对育美文化的剖析和初步的落地践行，希望与更多的幼教同仁探讨、共勉，共同促进幼儿教育事业的发展！

肖文惠

目 录
CONTENTS

第一章
育美文化下的生活活动与过渡环节

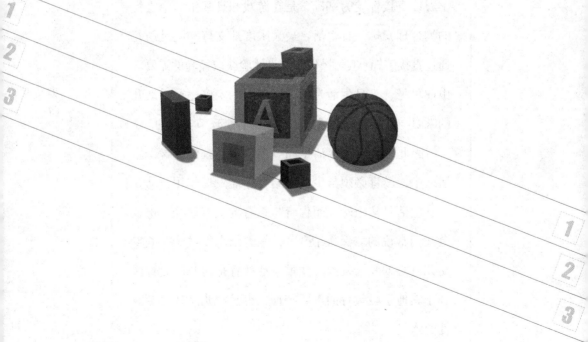

　　幼儿园一日生活中的主要环节包括生活活动、过渡环节、区域活动、集体教育活动和户外活动五大内容。在幼儿园中一日生活皆教育，生活活动、过渡环节看似并不起眼，很容易被老师们忽视，但实际上却同样蕴含着重要的教育意义。

　　《3-6岁儿童学习和发展指南》中指出，幼儿的学习以直接经验为基础，是在游戏和日常生活中进行的，合理安排一日生活，最大限度地支持和满足幼儿通过直接感知、实际操作和亲身体验获取经验的需要。由此可见，一日生活是幼儿园课程的实施途径，幼儿的学习与发展目标是通过一日生活各个环节实现的。

　　因此，教育和生活是同一个过程，教育蕴含于生活之中，教育必须与生活相结合才能发挥作用，幼儿一日生活是实施幼儿园保育与教育的主要途径，也就是我们常说的"保教结合"，保教结合促进了3-6岁幼儿身心的和谐发展。注重生活教育是幼儿园教育区别于其他学段教育的重要特征，也是幼儿园教育专业性的体现。

第一节　生活活动中的教育渗透

幼儿园生活活动环节具有它独特的特性。首先，是基础性。因为它在幼儿园的一日生活中，时刻都在发生，是教育活动实施的重要途径。第二，独特性。教师可以将我们的教育目标融入生活中来实现，而不是一定要开展某个教育活动。第三，多发性。在生活环节中，存在很多随机性，有可能会有很多突发的小事件，而每件小事件也蕴含着教育的契机，需要教师敏锐而灵活地去应对。第四，真实性。孩子的生活是真实存在的，教师要不断捕捉幼儿成长变化中的教育价值，把教育目标与孩子的生活实际相结合。

一、入园环节

不同年龄阶段的幼儿，在入园环节表现的情绪和状态各不相同，教师对于幼儿的常规要求也不尽相同。因此，教师要准确把握幼儿身心发展的特点与规律，为幼儿营造温馨舒适、丰富有趣的入园环境，不断吸引幼儿投入活动，让其从心理、身体及能力方面都得到一定的发展，使入园环节真正成为幼儿一天美好生活的开始。

（一）入园环节对幼儿的常规要求

1. 喜欢教师和同伴，愿意上幼儿园。

2. 能够带齐所需要的生活、学习用品，懂得不带危险物品来园。

3.能够主动与教师、同伴打招呼，并且能开心地和家人说再见。

4.愿意接受晨检，并懂得将身体不舒服的感觉告诉保健大夫或教师。

5.学做值日生工作，体验为他人服务的乐趣，有初步的集体意识和责任感。（中大班）

6.喜欢晨练活动，懂得安全自护，有一定的规则意识（根据不同园所的实际情况）。

（二）入园环节教师指导要点

1.认真查看交接班记录。交接班记录是班级教师间相互沟通、配合的重要表现。交班教师要认真填写值班记录，将在岗时间的主要工作内容和未尽事宜，交班时的幼儿人数、出勤、缺勤、家长特殊情况等交代清楚。早班教师一定要养成先查看交接班记录的习惯，及时了解前一天晚班教师当班时的工作情况，做到心中有数。

2.开窗通风并做好室内外的消毒工作，这是一项保证幼儿能在一个清洁、卫生的环境中生活的重要工作，班级教师一定要严格按照园所卫生保健制度执行。

3.小班教师要采用多种方式安抚幼儿的不良情绪。根据年龄特点，小班幼儿对家庭的依恋情结和分离焦虑都是比较重的，容易出现早上入园时情绪波动的现象，教师要采取适合他们的方式安抚和缓解他们的不良情绪。

4.中班教师要有计划地指导幼儿自主参与建构、阅读、美工等活动，指导值日生做好区域材料整理、照顾植物，并做好晨间计划、天气预报、新闻播报等分享活动。

5.教师还要注意多观察幼儿的精神状态和身体情况，保证幼儿的身体健康和安全。

二、盥洗环节

幼儿园的盥洗活动是一日生活的重要内容，每天幼儿在园要经过很多次盥洗环节，主要包括洗手、漱口等活动。在此环节中，教师要让幼儿感知盥洗对于身体健康的重要性，感受洗手、漱口的正确方法，培养幼儿形成良好的生活习惯。

（一）盥洗环节对幼儿的常规要求

1.洗手环节

➢ 学习用七步洗手法洗手

➢ 洗手时不湿衣袖，不玩水，节约用水

➢ 知道洗手的好处，饭前、便后、手脏时及时洗手

➢ 养成认真洗手的良好卫生习惯

2.漱口环节

➢ 知道漱口能清洁口腔，喜欢漱口

➢ 接适宜的水，掌握漱口的正确方法（鼓漱的方法）

（二）盥洗环节指导要点

1.根据盥洗室空间的大小，幼儿合理分组，指导幼儿按照七步洗手法有序洗手。

2.将袖子挽到胳膊肘处，防止衣袖洗湿。

3.小班注重游戏化贯穿生活环节，比如用幼儿喜爱的小动物的形象，贴在幼儿洗手时能看到的地方，配合七步洗手法的儿歌，一边洗手一边说儿歌，让枯燥的洗手环节变得更加有趣。

4.中大班体现幼儿的自主性，引导幼儿感知洗手对于身体健康的重要性，可以通过讨论，并利用环境墙饰等途径，请幼儿自己来想一想，说一说，什么时候需要洗手？比如，饭前、便后、打完喷嚏以后，等等，引发幼儿的思考和

讨论，提升幼儿自觉洗手的意识。

5.用正确的方法擦手，将衣袖放下，秋冬季为幼儿抹油。

（三）漱口环节指导要点

1.小班幼儿在教师指导下自己接半杯水漱口，中大班幼儿要懂得漱口能清洁口腔，保护牙齿，能够主动漱口，养成良好的漱口习惯。

2.小班教师通过有趣的儿歌引导幼儿掌握鼓漱（鼓嘴漱口）的方法，比如："手拿花花杯，喝口清清水，鼓起腮，闭起嘴，咕咚咕咚漱口水"，教师可以将儿歌内容配上图片贴在盥洗室，提醒幼儿将漱口水在嘴里鼓漱3—5次，再吐进水池中。

3.中大班时，教师要关注幼儿漱口的情况，幼儿应可以安静有序漱口，不打闹、说笑、拥挤。

三、进餐环节

幼儿的进餐活动包括餐前心理准备、餐前盥洗；进餐中幼儿技能的掌握、习惯的养成；进餐后的整理、关系等。幼儿园的进餐活动，要抓住"温馨"二字，营造宽松、舒适的氛围，让幼儿在此过程中掌握进餐技能，喜欢进餐，养成文明的进餐习惯。

（一）进餐环节对幼儿的常规要求

➤ 进餐时，情绪愉悦，能愉快安静地进餐，乐意自己吃饭。

➤ 正确使用餐具（小班勺子、中大班筷子），能够独立进餐。

➤ 了解食物的营养知识，了解均衡饮食对身体有益，不挑食。

➤ 养成良好的进餐习惯，做到细嚼慢咽，吃饭不掉饭菜，保持桌面、地面干净。

➤ 餐后能有序整理餐具，收拾实物残渣，饭后擦嘴、漱口。

（二）进餐环节教师指导要点

餐前：

1. 教师穿戴好围裙和餐帽，洗净双手。

2. 餐前消毒，营造宽松温馨的氛围，做好幼儿进餐心理准备，进餐时可以配合轻柔舒缓的音乐。中大班教师带领值日生进行分发餐具，摆放。

3. 小班教师用形象有趣的语言，介绍菜谱，中大班的教师指导幼儿利用自己喜欢的方式进行饭菜的介绍，这样不但可以激发幼儿主动参与进餐环节与进餐的欲望，还能锻炼幼儿的语言表达能力和当众表达的自信。

4. 注意夏季散热，冬季保温，饭菜放置安全处，避免烫伤的情况出现。

5. 教师还可以利用一些小主题活动，让幼儿了解进餐工具，比如筷子的来历、使用筷子的礼仪等。

餐中：

1. 小班教师根据幼儿食量，少盛多添，中大班教师提示幼儿有序取饭、有序入座，安静进餐。

2. 鼓励幼儿饭菜搭配进餐，小班教师注重进餐护理，对于咀嚼困难的幼儿及时给予帮助，中大班幼儿指导幼儿正确使用筷子。

餐后：

1. 小班教师指导幼儿学习掌握饭后擦嘴、漱口的方法，中大班教师鼓励幼儿主动整理餐具，收拾食物残渣。

2. 小班教师指导幼儿学习将餐具分类摆放在容器里，中大班教师指导小值日生检查饭后餐具的摆放。

四、如厕环节

幼儿从家庭来到幼儿园，面对生活环境的变化，对于如厕，在心理上会有一定的压力，在幼儿园如厕是一种挑战。作为教师，应当准确把握如厕教育的适宜性，将如厕环节的教育价值定位于"轻松"。主要体现在满足正常的生理排泄需要，实现身体轻松；学习并掌握如厕基本技能，建立如厕的健康行为方式，促进身心和谐发展。

（一）如厕环节对幼儿的常规要求

➢ 懂得在园如厕是很正常的事，不紧张，不拒绝。

➢ 有便意时知道自己如厕或告知教师，能及时排便。

➢ 会自己脱裤子，提裤子，大小便入池，便后自理。

➢ 了解如厕与身体健康的关系，初步具有身体健康的意识。

（二）如厕环节教师指导要点

1. 分组如厕。小班教师要注意为幼儿营造宽松、安全、和谐的如厕氛围，培养幼儿建立良好的如厕习惯。

2. 做好如厕的环境准备，提供够数量充足大小适宜的手纸。中大班教师可以指导值日生检查手纸准备。

3. 小班幼儿建议教师帮助擦屁股，指导幼儿学习擦屁股要从穿衣服少的春夏季开始。中大班幼儿尝试自主擦屁股。

4. 掌握全班幼儿排便规律，对于拉（尿）裤子的幼儿态度和蔼，安抚情绪。在隐蔽的角落更换衣服，观察幼儿需求，及时提醒幼儿如厕。中大班教师要注重引导幼儿了解大小便与身体健康的关系，引导幼儿主动做好集体活动、户外活动、进餐、午睡等活动前的如厕准备。

5. 根据班级幼儿的特点创设与如厕有关的教育环境。同时注重家园共育，指导家长重视家庭中的如厕教育。

五、喝水环节

幼儿在园是否喝水、喝足量的水，是幼儿园生活的重点内容。如何引导幼儿科学饮水，首先，要让幼儿了解喝水的基本常识，喜欢喝水；然后，幼儿能根据自身需求主动喝水，适量喝水；最后，幼儿能安静有序喝水，养成喝水的好习惯。

（一）喝水环节对幼儿的常规要求

➢ 喜欢喝白开水，逐步做到自主喝水

➢ 能够独立取水

➢ 养成安静、有序喝水的良好习惯

（二）喝水环节教师指导要点

1.小班教师要为幼儿创设轻松、愉悦的喝水氛围，以游戏的口吻激发幼儿喝水的愿望，组织幼儿轮流喝水。

2.自主饮水与集体饮水过程中，注重幼儿饮水量的充足。

3.中大班教师帮助幼儿了解喝水与身体健康之间的关系，根据身体的需求及时调整饮水量，地面（桌面）有水时尝试清理。

4.家园共育，向家长反馈幼儿饮水量，并提出饮水的指导建议。

六、午睡环节

幼儿园午睡环节，时间长，环境安静。它是幼儿一日生活中非常重要的环节。幼儿要掌握基本的自我服务技能，逐步养成良好的午睡习惯。

（一）午睡环节对幼儿的常规要求

➢ 喜欢在幼儿园午睡，能独立入睡

➢ 懂得午睡对身体有益，养成按时午睡的习惯

➢ 有便意、身体不适或发现同伴有异常情况及时告诉老师

（二）午睡环节教师指导要点

午睡前：

1.上床前，检查幼儿随身小物件，避免安全隐患，引导幼儿睡前如厕。

2.小班教师指导幼儿脱鞋、叠衣服，培养自理能力，中大班幼儿能独立脱、叠衣服，并摆放整齐。

3.创设放松的睡眠环境，小班教师可以以游戏的口吻和轻柔的语言，引导幼儿安静入睡，中大班可为幼儿选择适宜音乐、文学作品辅助幼儿安静入眠。

4.小班入睡困难的幼儿，可允许携带依恋物，中大班有教师陪伴。

5.家园共育培养幼儿午睡的习惯

午睡中：

1.全面关注午睡情况，10-15分钟一巡视，为幼儿盖好被子。

2.轻声提醒有需求的幼儿如厕。

3.幼儿出现高烧、惊厥、腹痛等紧急情况，需通知保健人员，去医院就诊。

4.夏天空调温度23—28度，空气湿度30%-60%；冬天室内温度18—25度，空气湿度30%-80%。

午睡后：

1.播放音乐按时起床。

2.小班幼儿掌握穿衣顺序（上衣—裤子—袜子），中大班教师指导幼儿独立有序穿好服装，并自我检查。

3.对幼儿进行午检：情绪状态、身体状况以及穿戴是否整齐。

4.开窗通风，保证睡眠室环境整洁。

七、离园环节

离园环节是一日生活的最后一个环节，是让幼儿身心放松进行整理的阶段。此环节，引导幼儿有轻松愉悦的内心体验，有自主的活动状态，有期待和留恋幼儿园生活的美好情感。但同时，离园环节的安全又是教师应该特别关注的，有调查显示，离园环节是幼儿园安全事故发生率比较高的环节，因为此时孩子们情绪比较高涨，楼道楼梯等公共区域又是相对人群最密集的时候，所以教师更应把工作做细，关注每一个可能发生的安全隐患。

（一）离园环节对幼儿的常规要求

➢ 乐于整理仪表，喜欢干净与整洁

➢ 学习管理自己的物品，并能有顺序整理和摆放

➢ 尝试解决自由交往中的问题冲突，与同伴友好相处

➢ 主动与教师和小朋友道别

➢ 跟随家人离园，不在幼儿园嬉戏打闹

（二）离园环节教师指导要点

1. 小班教师帮助幼儿穿好外衣、提好裤子、检查鞋子，冬春季要随时检查幼儿衣服，避免着凉。检查幼儿有无尿湿裤子、弄湿袖子的情况，随时帮助幼儿更换和整理。引导幼儿分清自己和别人的物品，不是自己的东西不带回家。

2. 中大班教师引导幼儿整理物品，整理服装。有计划地引导幼儿学会亲子小游戏回家和父母一起玩，培养幼儿初步的任务意识和责任感。引导幼儿协助教师做好活动室物品整理，建立初步劳动意识。

3. 引导幼儿离园时礼貌地与同伴和老师说再见。

4. 有针对性做好家园共育，适当提出指导建议，达成有效互动。

5. 有陌生人接幼儿时，需与家长取得联系并核实。慎重对待有特殊家庭背景的幼儿。

第二节　过渡环节中的教育渗透

幼儿园过渡环节是幼儿园一日活动中将幼儿从一种活动状态转向另一种活动状态时的中间环节。调整幼儿的身心状态，为下一个活动做最充分的准备。过渡环节贯穿于幼儿一日生活中的学习、游戏、生活和运动之中。过渡环节能够满足幼儿对一日教学活动张弛有度节奏型变化的适应需要，能够满足幼儿身心活动节奏更替的需要。对于教师来说，过渡环节为教师提供了更多的自主反思教学策略、调整教育方案、培养教育机智的机会。同时，过渡环节还蕴藏了无限的教育契机。

过渡环节的特征包含以下四个方面：

一、自然性

是过渡环节最内涵的体现，要顺应幼儿身心发展规律自然而发生。是非正式的，允许各种自由活动形式的存在。强调适应幼儿的自主调节的活动方式，以游戏为主。多元化的故事、戏剧、歌曲、童谣、律动都是不错的选择。

二、自主性

教师尊重幼儿身心发展需求，为幼儿自主、独立发展提供最适宜的环境。幼儿享受尊重和自由的氛围，享受自由活动的选择权，在一定弹性空间里与同伴从事自己喜欢的活动。这一点需要教师打破权威意识，回归儿童本位。

三、满足幼儿发展的适宜性

适宜的过渡时间、活动强度、活动更换频率才能保证过渡环节顺利进行。需要教师遵循幼儿发展的年龄特点来设计。活动要具有一定挑战性，适于幼儿多次参与尝试。

四、教育渗透性

过渡环节能为幼儿提供有益的学习经验，帮助幼儿重温、建构新的认知或情感体系。教师可以在此环节将经验进行渗透，以实现教育性、生活性的全面统一。过渡环节与一日生活环节相融合，更好实现幼儿整体发展。

幼儿园一日生活中的过渡环节，主要有游戏过渡、户外过渡和餐前过渡。过渡环节的主要内容可以包括：常规活动、操作活动、语言游戏、音乐游戏等。

（一）常规活动的组织

1. 新闻播报

内容：利用过渡环节请幼儿分享他眼中的大事件，可以是班级里的新闻，如今天是某某小朋友的生日，或今天我们班参与了升旗仪式等，也可以是重要的社会新闻，比如中国的宇航员进入太空，等等。锻炼幼儿通过简短的语言，完整地叙述某一事件。这个活动比较适合中大班的幼儿，通过活动可以提升幼儿关心身边发生的事情的意识，培养责任感和集体意识。

环创建议：可以利用班级中一角，建立新闻播报角，内容可以有"本月大事件"，利用日历式表格的形式，请幼儿在表格中用简笔画的形式记录当月的重要事件；"我来播报"，用照片的形式记录下幼儿播报新闻的场景，鼓励更多幼儿参与到活动中；"我眼中的大事件"，幼儿用绘画的形式记录下他们自己认为重要的新闻内容，以他们自己独特的方式表达出他们眼中的世界的鲜活生动！

2. 精彩两分钟

内容：在这段时间里幼儿可以自由发挥，充分展现自我的个性和爱好，可以是讲述一个喜欢的故事、生活中发生的有趣的事或是观察到的生活中有意思的现象，也可以为大家带来一段才艺表演，每天请一个幼儿进行两分钟展示，通过这个过程可以锻炼幼儿的表达能力、自信心和收集整理的能力。

环创建议：可以利用一小块墙面或展板，将近期幼儿做展示时的照片或展示时收集整理的过程材料张贴出来，隔一段时间还可以装订成册，幼儿在过渡环节可以随意翻看。

3. 每日天气播报：

内容：天气播报是幼儿园里经常见到的一项活动，目的是让幼儿关注到天气情况与穿衣和身体健康的关系，学习观察天气和气候的变化特点。

环创建议：小班教师可以为幼儿提供比较简单、直观的表示天气和穿衣情况的图片，让幼儿选择；中大班可以搜集每天的天气信息，制作周统计和月统计表。

（二）操作活动的组织

操作活动是指在过渡环节，幼儿可以利用方便取放的手头玩具进行操作摆弄，比如魔方、魔尺和一些方便收纳的棋类等。

（三）语言游戏的组织

1. 新编《送信的邮递员》

这是一个教师们都很熟悉的语言游戏：

教师：当当当，谁呀?

幼儿：我是送信的邮递员！

教师：哪儿来的信呀？

幼儿：（随意说出一个城市的名字）北京来的信呀！

这个游戏可以让幼儿快速地熟悉我们国家很多城市的名字，而且它的语言很有节奏感，是小朋友比较爱玩的游戏，为了在这个游戏中增加更多的教育目标，教师也可以将它进行改编，把幼儿随意说出城市，改为指定主题，并准备一些相应的图片，如出示各省份标志性建筑，判断是哪来的信（国家歌剧院、东方明珠电视塔等）；出示各省份版图，判断是哪来的信；出示各省份标志性美食图片，判断是哪来的信（热干面、炸酱面、葡萄干等）。这样的变化，可以把很多生活中的地理知识、风土人情和人文知识蕴含到游戏中。

2. 故事游戏《乌龟与乌鸦》

这是一个考验幼儿注意力和反应速度的语言游戏，教师可以给小朋友们念下面这个小故事：

风和日丽的天气里，天空没有一丝乌云，树上乌鸦在哇哇叫，水里的乌贼说，乌鸦你吵到我睡觉了。水里冒出头的乌龟说，要不然我们一起旅行一天吧。乌鸦很开心地答应了乌龟的建议。乌龟慢吞吞地对乌贼说，我和乌鸦要去旅行了。乌鸦站在乌龟的背上说，和你在一起可真是件快乐的事情，乌龟，我去帮你找点乌梅吃吧！这时候突然乌云密布，乌黑的云朵布满天空，可是乌鸦还是不畏暴风雨，为乌龟采到了美味的乌梅。两个好朋友一起在雨中品尝着乌梅，乌鸦和乌龟一起等乌云散去，天空出现了美丽的彩虹，美好的一天就这样过去了，乌龟和乌鸦心里想，下次一定要带着乌贼一起来玩！

两个幼儿面对面，一个扮演小乌鸦，一个扮演小乌龟，同时伸出右手相碰，当听到故事里提到"乌鸦"或"乌龟"时，没有被提及的要快速抓住对方的手，而被提到的"乌鸦"或"乌龟"要赶紧收起手，不要让对方抓到，要注意，故事里有很多"干扰因素"，比如"乌梅""乌云""乌黑"，等等，当说到这些词时谁也不能动。

当小朋友们熟悉游戏规则后，教师也可以将故事进行改编，比如把乌鸦和乌龟换成蝴蝶和狐狸、海马和海龟、老鹰和老虎、梅花和玫瑰，等等，增加游戏的变化性和趣味性。

（四）音乐游戏的组织

音乐游戏也是过渡环节中常见的一种游戏组织形式，教师们可以结合旋律、节奏、手指操等元素组织幼儿开展音乐游戏，有助于培养幼儿的专注力和节奏感。

幼儿的大部分时间以及成长不是在被命名为"学习"的活动中度过与取得的，而是由一个个细微的生活片段联结而成的。

生活与我们密不可分，生活中蕴藏着取之不尽、用之不竭的教育资源，学习也在随时随地的发生，作为教师要善于把握教育契机，要将幼儿的学习渗透到一日生活的各个环节中，培养幼儿良好的行为习惯，鼓励幼儿主动学习，促进幼儿全面发展。

第三节　育美文化下生活活动与过渡环节案例

第一部分：生活活动

进餐上的变化

小班教师：潘彤彤

　　小班入园一周后我发现个别幼儿比较挑食，愿意吃的菜没有几个，于是我通过与家长沟通了解了幼儿在家的饮食的情况，——妈妈说："——从小由奶奶带大，每次——喜欢吃什么，奶奶就给她做什么，以至于——很挑食。"朵朵妈妈说："我们家孩子在家总是吃那几样菜，不给做就饿着，奶奶又怕饿着孩子，所以就给买了很多小零食。"丰丰妈妈说："每次吃饭都是大难题，必须追着喂才能吃上几口。"经过沟通了解这几个幼儿都有共同的特点：隔代亲造成了家长的溺爱，在家只做幼儿爱吃的菜，不吃饭就给吃零食。所以针对幼儿挑食的问题我从一日生活中进行了相关的活动以及对个别幼儿进行引导。

　　教育活动中，我设计了相关活动：健康领域《我不挑食》、语言领域《小熊不挑食》等。在健康领域活动《我不挑食》中，通过故事《小花和小白》生动形象地让幼儿感受到挑食会让身体变差，长得慢、容易生病。在活动中，平时挑食的诺诺、皓皓、——等幼儿积极表达了自己的想法，他们说，小花因为挑食所以爱生病、长得矮。活动后我还将教具"小花、小白"展示在生活墙上，通过环境的创设，潜移默化地提醒幼儿不挑食。在语言活动《小熊不挑食》中，通过朗朗上口的儿歌，让幼儿知道不挑食才能让身体健康。活动后的过渡环节中能够听到小朋友会自己念起儿歌，餐前环节和幼儿一起读儿歌，挑食的孩子在吃饭时也能尝试吃不爱吃的菜了。

餐前过渡环节，我还组织了"猜猜今天吃什么"小游戏，让幼儿猜猜今天吃什么菜，猜出来以后我以讲故事的口吻引导幼儿，比如：今天吃的是胡萝卜，小兔子最爱吃了，小兔子吃了，身体壮壮的变得好漂亮呢！今天我们都要变成小兔子喽！看看今天谁能多吃饭菜、不挑食，看谁吃得又多又香。这样，幼儿相互比着吃，会吃得很香。

进餐环节，也采用多种方法。有榜样示范法，根据小班幼儿"喜欢模仿"的特点，我就利用集体氛围的渲染，为他们树立榜样。"诺诺吃饭像大老虎一样，张大嘴巴大口吃饭，真厉害！"幼儿的情绪一下子高涨起来，大口大口地吃起来。还有逐渐加量的方法。幼儿从小就不吃某种食物，因此要他一下子改过来是不太可能的，也是不太现实的。我采用"逐渐加量"的方法。一点点加量一点点进步，给予及时的鼓励。有的幼儿能够尝几口平时不吃的菜就进行鼓励"哇，你今天吃得真好，嘴巴张得跟大老虎一样，你吃饭真厉害！"幼儿接着就能再多吃几口。

餐后过渡环节，对偏食、剩饭的幼儿给予鼓励，发给小红花，调动幼儿的积极性，促使幼儿改掉挑食习惯。还设立了"光盘请亮灯"明星墙，吃光盘的幼儿可以将自己的灯点亮成为光盘小明星，幼儿非常喜欢餐后亮灯的环节，看到自己的灯被点亮非常的开心。

除了在幼儿园中开展活动，家庭方面的引导也很关键，通过在家长群中发布育儿文章，向家长们介绍幼儿营养平衡知识，帮助家长建立起正确的营养观念。针对个别挑食的幼儿要与家长共同分析造成幼儿挑食、厌食的原因，请家长不要过分溺爱幼儿，合理满足幼儿的正当需要，不允许幼儿用哭、闹作为满足欲望的手段。当幼儿的进餐行为表现得不好，有哭闹呕吐等现象时，家长此时决不能一味心疼、迁就幼儿。而要及时鼓励和表扬幼儿，帮助她克服心理障碍，建立信心。在家不要只给幼儿做幼儿喜欢吃的饭菜，幼儿不喜欢吃，但却很有营养的也要适当进行添加，一开始的时候先加一点点，慢慢的再进行适当多加。

经过一段时间有针对性的观察与措施指导，幼儿吃饭慢和挑食现象得到了一定程度的改变，对原本讨厌的菜，有时候会自言自语地说上一句："这个菜要吃的，很有营养的；吃了就变成美丽的公主了"等。有时幼儿会主动地去劝其他的小同伴一起把讨厌的菜给吃下去。跟家长又进行了几次沟通，了解到家长在家也已经进行了引导，并且在家里进行了针对性的改善。例如一家人围坐在桌前一起吃饭，并向幼儿讲解饮食的好处。家长也反映幼儿在家比以前有明显的进步。有时还会自言自语地说："吃了就变成公主了，这是幼儿园厨师叔叔做的饭吗？真好吃。"幼儿在家能够按照就餐时间安稳坐在餐桌前进餐，也能够尝试一些平时不爱吃的饭菜了，食量也增多了。家长感受到幼儿的进步也非常开心，因此继续向家长提供相关的帮助，达成一致的教育方法。

通过一段时间的家园共育，幼儿在进餐上有了一定的变化。之前进餐习惯良好的幼儿在进餐环节更加开心、自信，有挑食习惯的幼儿也有了改变。相信在育美文化的影响下，幼儿一定都会逐步养成不挑食的习惯，成为城市副中心园的最美小公民。

浅谈"喜助人　送温暖"品质在幼儿生活中的培养

中班教师：杨潇潇

刚升入中班，在这个成长的转折点，我们感受到幼儿不光生理需要关怀，他们的品质培养也成了我们当前共同关注的重点。

从小班到中班转眼之间幼儿都成长了不少，他们的一静一动我都深深地看在眼里。开学到现在，幼儿再次回到集体，如何更好地融入集体？在照顾自己的同时，能够帮别人做一些力所能及的事情，向他人传递友好呢？这些成了幼儿一日生活中我关注的重点。

一、前期铺垫

活动前期，为激发幼儿乐于助人的品质，我在班级和幼儿展开讨论，在生活中我们可以怎样帮助他人？幼儿积极回答：帮别人一起收玩具；帮别人挂衣服；帮别人整理书包；画画的时候帮别人拿彩笔，别的幼儿上课不会可以帮帮他；洗手前帮别人挽袖子，等等。有的幼儿还说到，可以帮自然角的小花浇水，可以给小乌龟喂食换水，等等。通过活动前期细致的讨论，幼儿更加清晰自己可以怎样帮助他人，怎样照顾植物角的小花小草。

二、互动记录

在早入园时，幼儿都在放书包、挂外套。安安走到班里主动和老师打完招呼，来到书包格放书包，她看到不远处，一个书包倒了，她轻轻地把小书包扶起来摆好，然后继续做自己的事。洋洋的小外套，肩膀的位置总是从衣架上滑下来，洋洋皱着小眉头。睿睿看到走过来说："我来帮帮你吧！"洋洋点点头，睿睿把衣服放在了建筑区的柜子上，把洋洋的外套拉链拉上了，对洋洋说：“你看，拉上拉链，这样衣服就不会滑下来了。”洋洋笑着对睿睿说：“睿睿，谢谢你！”

盥洗环节时，一个幼儿走到我身边，说：“老师，我的袖子挽不上去，总是往下掉。”这时小羽用坚定的眼神看着我说：“老师，我可以帮她挽。”我说：“小羽，那你来试试吧！”只见小羽伸出手，用两只小手抓住那个幼儿的袖子边，轻轻往上翻了一节，然后又翻了一节，挽好一个胳膊的袖子，又开始挽另一只。我看小羽像模像样的动作，对他说：“小羽真有爱心！主动帮助别人，幼儿一会儿洗手也不会弄湿袖子。”小羽高兴地笑了，被帮助的幼儿对小羽说：“小羽，谢谢你！”过了一会，那个幼儿洗完手，我看到小羽又帮助她细心地放下了袖子。

过渡环节，晗晗和琳琳来到植物角，晗晗对琳琳说：“你看，小豆苗都缺水了，我们得赶紧给它浇浇水！”琳琳说：“这里有小喷壶，晗晗，我们一起浇水吧！”两个幼儿，给每个小花盆里的豆苗都浇上水。看到乌龟盆里的水脏了，于是把乌龟盆里的水倒了，还接了干净的水，又拿出龟粮，给小乌龟喂了新的龟粮。

三、家园联动

每天的经验积累，在每一次的集体交谈中，幼儿更加了解到帮助别人只是举手之劳，但是却能让其他人感受到温暖和友好。家长们也反映幼儿在家也越来越爱劳动，有时还经常帮助妈妈扫地、做家务，等等。家长还自发为幼儿拍摄帮助他人的照片，发给我，我抓住此次教育契机，又开展了相应的活动，把幼儿在家服务的事情和感受相互分享，传递喜助人的美好品质。

通过本次活动，班级中的幼儿互相帮助的行为越来越多了，班级里经常能看到幼儿主动帮助老师，幼儿之间相互帮助的美好画面，班级氛围更加融洽，喜助人送温暖的品质也在幼儿的心中萌芽。

从小劳动最光荣

大班教师：王兰

生活即教育，行为即课程。在幼儿园里，劳动本身就是一种教育。在我们幼儿园的"育美文化"中也特别提到培养大班幼儿热爱劳动的好习惯。本班幼儿通过两年的幼儿园生活学习，大部分幼儿行为习惯较好，都有了不小的进步。良好的行为习惯不是天生就有的，而是在长期的生活里逐渐形成的，它贯穿于幼儿一日生活的各个方面。我们应善于抓住一日生活的各个环节。例如餐前我会提醒幼儿吃饭要将碗里的饭菜吃干净不要浪费，但经常会发现一些幼儿会剩一点饭菜在碗里，杨雨瞳就是其中一位，在偶然一次发现她碗里吃得很干净后，我表扬了她不浪费粮食的行为，后面我发现她每次吃完饭都会将碗拿到我跟前询问我她吃得干不干净，以此得到我的肯定。在我的鼓励和建议下，她又主动担起小小监督员的职责，每次吃完饭后会仔细检查其他幼儿吃完后的碗，发现碗里还有饭粒或者饭菜就提醒其吃干净再放碗。

几次之后，大家都开始轮流当起"小小监督员"，大部分幼儿能逐渐主动地自己检查自己的饭碗，也会互相比一比，看谁吃得干净。通过这件小事也让我意识到班级值日生的重要性！

值日生工作在班级中开展了一个多学期，幼儿从最开始的懵懵懂懂，争争抢抢，到现在的规则清晰、分工明确，但是在这中间还是存在着不少问题。在以往的值日生工作中，幼儿干的事情比较多，每天晚上离园前都会让值日生擦椅子，所以每天老师会叫几个个子高、体力好的幼儿去帮忙摆椅子，这就引起了一部分幼儿的意见："老师，为什么每天都是他们摆椅子呢？老师，是只让听话的孩子去搬吗？谁听话老师就让谁去，我也好想去啊""我只想浇花和搬椅子，别的活我都不想干"……孩子们的话引发了我的思考，看似简单的值日生活动原来也存在着这么多的问题。幼儿大多是愿意主动参与集体劳动愿意为集体服务，但是缺乏相应的机会和条件。

《幼儿园教育指导纲要》社会领域总目标指出：培养幼儿做力所能及的事情，有初步的责任感。幼儿园必须通过多种途径完成此目标，幼儿的劳动习惯是能培养出来的。我国教育家陈鹤琴先生说："凡是幼儿自己能做的事，让他自己去做。利用值日生工作培养幼儿的劳动习惯，能增强幼儿的自信心、独立性和为集体服务的精神。在一次教育活动中，我问孩子们："什么是值日生呢？"幼儿认为：1. 值日生就是干活的人。2. 值日生是帮老师做事的人，是老师的小帮手。3. 值日生应该就是小老师吧。4. 值日生就是管幼儿的。大家你一言我一嘴的说着，"很厉害、小帮手、小老师、管人的………"有了这些感觉后，其实他们已经成为"准值日生了"。我又问他们："那我们怎么知道谁是值日生呢？"经过激烈的讨论，大部分的幼儿选择按照考勤表上的学号来进行轮流当值日生，因为这样每个人都有机会当值日生。最终我们采纳了孩子们的意见，并将他们平均分成五组，周一到周五，每个幼儿都能当一遍值日生，每天早上，由组长分发小贴画，自由选择分工。通过一段时间的尝试，他们都能说出当值日生的感受，雨涵说："当了值日生，我很开心，我能帮老师干活了！"米乐说："我喜欢早来当值日生，我可以抬桌子、搬椅子。"蕊蕊：今天的值日生做得很好，桌子擦得很干净。艺涵：我觉得今天管着摆玩具图书的值日生做得不好。书那么乱，他们也没摆整齐……经过一系列的值日生活动，幼儿为集体服务的意识开始增强，从一开始的需要老师引导着参与劳动，到现在能自己意识到为集体服务，幼儿无论在能力上还是在思想上都成长了。

幼儿升入大班后，在与个别幼儿家长进行沟通时，发现家长都会向我反映孩子在家特别"懒"，自己的物品随意摆放，不懂得收拾自己的书包，衣服等。也有些家长会问："老师，我们该如何在家里培养孩子收拾自己的物品，能珍惜爸爸妈妈的劳动成果……"听到家长们的困惑，我就在想为何不以"劳动教育"为契机，教育幼儿从小养成热爱劳动习惯，体验劳动的快乐呢？为此我们班开展了"我劳动，我快乐，我会帮会妈妈做家务"打卡活动。让幼儿在亲身体验中感受劳动的快乐，培养他们热爱劳动、珍惜劳动成果的良好品质。

　　在活动前与我与家长沟通，让每个家长都明白"劳动"不是仪式和口号，也不要害怕孩子做家务"帮倒忙"，家长必须明白，孩子对劳动的热情和积极性是千金难买的。随后，我们请家长们利用假期中带孩子体验力所能及的家务劳动（洗衣服，叠被子，打扫卫生，晾晒衣服等）。将孩子每天做家务的身影拍照发到班级群中打卡。活动还没开始，我们便得到了家长们的赞同和支持。在假期中，所有幼儿都在班级群里进行了劳动节打卡行动，好多家长也给我发来私信说："老师组织的这次劳动节活动太好了，孩子能通过劳动，体验到妈妈在做家务的辛苦，让孩子感受到父母对他的爱！学会了感恩！"还有的家长告诉我，现在孩子在家能主动收拾自己的物品，玩具图书，还主动帮忙扫地，饭后擦桌子，摆椅子，等等。有些孩子还告诉家长，自己在幼儿园做值日生都会做的！

　　小小值日生工作是一个漫长的体验式生活教育课程，它能有效地培养幼儿的责任感和为他人、为集体服务的良好意识。我们会一直坚持"值日生"活动，愿孩子们的每一天都有着满满的正能量，也期待每个"小小值日生"都能在接下来的时光中收获更多的美好！我们的"小小值日生活动"还将延续下去，有更多的问题等待孩子去发现，去解决。作为教师，我们也要鼓励孩子继续参与到值日生的长期探索中。

第二部分：过渡环节

案例一：

过渡环节：区域后、教育活动前

游戏名称：汽车滴滴

游戏目标：

1. 了解简单交通规则，认识停车场标志。

2. 通过汽车滴滴游戏，体验自主游戏的快乐。

游戏玩法：

幼儿自选小汽车玩具，在轨道上开汽车。一名幼儿扮演交警指挥交通，幼儿根据交警的提示和交通规则从起点开车到停车场，在指定位置停车。

案例编写：肖文惠、赵婕伊

案例二：

过渡环节：盥洗后、加餐前

游戏名称：球儿滚滚

游戏目标：

1. 幼儿自选并参与球儿滚滚游戏。

2. 在游戏中，感受小球上坡、下坡的乐趣。

游戏玩法：师幼用圆柱和宽窄不同的长条积木搭建坡台，幼儿选择大小不一的球，感受小球爬坡和下坡的快乐。

案例编写：孙嘉、徐慧莹

案例三：

过渡环节：晚餐后、离园前

游戏名称：玩具总动员

游戏目标：

1.幼儿自选桌面玩具材料进行自主游戏。

2.感受与同伴游戏的快乐。

游戏玩法：餐后，幼儿自选迷宫、穿编、折纸、编花篮等玩具材料，与同伴共同游戏。

案例编写：罗雅琦、王兰

案例四

过渡环节：饮水后、户外前

游戏名称：小鱼游

游戏目标：

1.幼儿自主饮水后，将小鱼夹在鱼绳上，锻炼幼儿小肌肉。

2.幼儿体会饮水的乐趣。

游戏玩法：每名幼儿有一条小鱼，每喝一杯水，小鱼就从上往下游，水喝得越多，游得越深，直到海底深处。

案例编写：吴雪、俞璐璐

案例五

过渡环节：区域后、午餐前

游戏名称：今日我当家

游戏目标：

1. 锻炼幼儿语言表达能力。

2. 根据自身能力，自行选择游戏角色。

游戏玩法：幼儿分组游戏，自愿选择游戏角色，如新闻播报员、天气预报员、小小值日生，建筑讲解员等，大胆为同伴解说。

案例编写：李燕飞

案例六

过渡环节：午睡前、午餐后

游戏名称：老鼠遇见猫

游戏目标：

1. 幼儿自愿进行角色扮演，扮演猫和老鼠。

2. 通过模仿，创设安静的餐后、午睡前氛围。

游戏玩法：教师创设"老鼠遇到猫"的情境，引导幼儿学习小老鼠遇到猫后，蹑手蹑脚的走路姿势和轻声细语的讲话。

案例编写：刘方圆、朱金瑶

案例七

过渡环节：户外后、午餐前

游戏名称：我是小小科学家

游戏目标：

1. 自选科学材料对动植物进行喂养和观察游戏。

2. 体验照顾动植物的快乐。

游戏玩法：幼儿来到科学屋，自行选择科学玩具（放大镜、喷水壶、鱼食等），对动植物进行喂养和观察。

案例编写：何洪

案例八

过渡环节：教育活动后、盥洗前

游戏名称：我爱旅行

游戏目标：

1. 能够在游戏中说出不同建筑的特征。

2. 愿意与同伴一起玩"去旅行"的游戏。

游戏玩法：在美工集体教育活动"自制小汽车"结束后，引导幼儿拿着亲手制作的"小汽车"在盥洗分组过渡环节进行游戏，如结合班级"建筑"相关主题活动，引导幼儿拿着"小汽车"和好朋友说一说你要去哪里旅行，那里有哪些建筑，有什么特征。

案例编写：王子烨

案例九

过渡环节：午睡后、午点前

游戏名称：甜蜜午睡分享

游戏目标：

1. 能够与同伴分享自己的午睡感受。

2. 体验与同伴分享午睡感受的快乐。

游戏玩法：午睡起床后，幼儿自行观察"甜蜜午睡分享"功能性墙饰版块内容，围绕"甜甜的梦""我的进步"等内容与同伴分享午睡过程带给自己的轻松、甜蜜的感受，还可将其内容进行简单记录并展示在该版块中。

案例编写：李艳霞、王思萌

案例十

过渡环节：区域活动后、教育活动前

游戏名称：神奇的线

游戏目标：

1. 了解编绳游戏的不同玩法。

2. 体验与同伴共同玩编绳游戏的快乐。

游戏玩法：在开展"神奇的线"主题活动时，教师提供比较粗又不易打结的线供幼儿玩编绳游戏，具体玩法如下：

1. 引导幼儿参照编绳步骤图各自挑五角星、降落伞等花样。

2. 幼儿与同伴两人合作挑线，并自行制定游戏规则，如哪位幼儿挑乱了下一步，需要重新开始游戏。

案例编写：梁妍、柳欣月

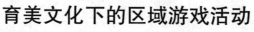

第 二 章
育美文化下的区域游戏活动

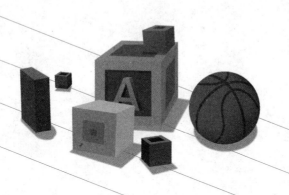

第一节　区域活动的观察与指导

区域活动也称活动区活动，它是幼儿按照自己的意愿进行的一种带有学习和工作性质的游戏。在区域活动中，幼儿自由选择区域，自主发起、自由选择活动，通过与材料、伙伴、老师的相互作用而获得各方面的经验，实现自身的发展。区域活动作为教育活动的重要组成部分，作为落实教育目标的重要途径，有其独特的教育功能及教育价值。

对于不同区域的活动目标和活动内容，可以归纳梳理为以下表格：

目标	活动内容	活动区
身体发展	幼儿有机会发展小肌肉和大肌肉技巧。如拼图、粘贴等手工活动、建筑和玩沙玩水活动等	积木区 美工区 玩沙玩水区
语言发展	提供机会让幼儿与同伴、成年人交流（包括倾听、交谈等）；聆听和阅读故事、诗歌	角色扮演区 表演区 图书区
认知发展	提供机会让孩子了解周围世界的有关知识。包括数、常识、健康知识等领域	积木区 益智区 科学区
社会和品德的发展	提供机会让幼儿认识社会，发展社会交往技巧，养成良好的品德习惯	角色扮演区 表演区 积木区
美感发展	提供机会让幼儿体验欣赏并表达美。如绘画、音乐、舞蹈等	美工区 音乐区 表演区

通过梳理总结，我们可以看到每一个活动区的活动目标并不是单一的，而

某一项发展目标也是要通过多种区域活动来实现的，它们之间的关系相互交叉、相互支持，联系紧密。

一、区域游戏观察的重要意义

教育家蒙台梭利曾说过，"唯有通过观察和分析才能真正了解孩子的内在需要和个别差异，以决定如何协调环境，并采取应有的态度来配合儿童成长的需要。"观察是幼儿园教育中最基本的研究方法，对于区域活动的观察，可以加深教师对幼儿的活动兴趣、个体需要以及发展水平的了解，帮助教师更深刻地理解幼儿，同时调整自己的儿童观和教育策略。教师还可以通过观察了解区域活动时幼儿的状态、兴趣点等，选择材料，设计活动。由此可以看出，观察幼儿是教师指导区域活动的根本出发点。

区域活动因其特有的自由、自主的特点而受到幼儿的喜爱，在区域活动时，幼儿沉浸在自己的世界中，处于最放松、最自然的活动状态，是性格、态度、能力显露最充分的时候，也是情绪情感，发展水平、个体差异展现最真实的时候。所以，幼儿在此时不需要教师过多地要求和干预，遇到困难会主动克服。因此，区域活动时间是教师观察幼儿的最好时机，教师在此时得到的信息是最真实的，对于有针对性地指导区域活动极具价值。

1.观察是教师理解和尊重幼儿的基础

当我们静下心来观察孩子的时候，我们与孩子的内心世界的联系会更加紧密，体会他们的感受、理解他们的行为，这时候孩子也会因为我们成人对他的理解、包容和接纳而对我们更加信赖，我们和孩子之间才能有更加融洽的合作式的关系。

2.观察可以帮助教师获得幼儿在区域活动中的精准图像，利于有效指导

只有通过观察，教师才能精准地了解幼儿在区域中是如何活动的、采用

了什么步骤和方法、如何使用材料、语言表达思考的情况如何、常用的表达方式是什么，与同伴、老师的交往互动如何。每一个孩子的表达方式都是不同的，活泼好动的孩子喜欢用动作、肢体去表达；能说会道的孩子喜欢用语言去表达；有的孩子更愿意沉浸在美工区，制作、粘贴、绘画；有的孩子则可能喜欢更具有思维挑战性的桌面益智玩具……这些现象只有老师通过细致的观察才会了解，所以在区域活动指导中只有以观察为基础才能保证指导的针对性和实效性。

3. 观察是教师调整区域环境的依据

区域环境是否适宜？如何及时调整？教师只有认真观察幼儿在区域中的活动情况才能找到答案，所以，观察是教师为幼儿提供适宜而有效的教育的前提之一。在获得幼儿区域活动真实情况的基础上，教师才能根据幼儿的发展水平、行为特点、兴趣倾向和学习风格，发现问题及难点，分析原因，寻找符合幼儿特点与学习需要的教育对策，调整教育目标，设计新的教育活动，提供利于幼儿进一步发展的区域材料，让幼儿按自己的发展水平、速度，去选择摆弄材料，从而保证教育的适宜性和有效性。

4. 观察能帮助教师获取科学评价幼儿的第一手材料

对于幼儿发展评价的要求是要客观、真实，有发展性，那么在区域活动时的观察，就是为教师科学评价幼儿发展提供了第一手材料。因为幼儿在区域活动的行为表现通常是他们最真实、最自然的表现，所以通过凭借详尽的观察，教师可以真正走进幼儿的内心世界，全面、准确、客观地评价幼儿，避免过去单凭教师主观印象评价幼儿的片面做法。

5. 观察为家园沟通提供了生动的素材

幼儿教师的一项重要工作就是家园沟通，很多教师每天甚至每时都要与不同的家长沟通幼儿在园的情况，那么，怎样才能让家长真实地了解到孩子在幼儿园的表现，就需要教师对班级幼儿进行细致的观察。教师根据观察记录向家长讲述幼儿的一些具体事例，共同分析幼儿的个性特点和行为习惯，引领家长清晰地看到幼儿的优势和不足，找到解决问题的方法，使教师和家长之间的交流更具针对性，成效更明显，家长对教师的信任感、配合的默契度也会得到大大的提高。

二、教师在区域活动中要观察什么

1. 观察幼儿的神情、体态

神情和体态是指幼儿的一种心理活动，是幼儿实际发展水平的外在体现。幼儿在游戏时的眼神是专注的还是游离的，是自信的还是犹豫的；幼儿对活动的不同反应是什么，活动目标是否能够达成。同时，教师还要观察幼儿专注于某事的神态和注意力保持的时间长短，这一点能帮助教师分析出幼儿的性格特点以及对活动的喜爱程度等。

2. 观察幼儿对区域的热衷程度和参与状态

对区域的热衷程度，直接反映出幼儿当前的兴趣和需要所在，便于教师对区域设置的合理性做出判断和筛选。孩子最喜欢的，一定是他兴趣最浓厚的，教师可以从幼儿进区人数的多少、进区次数的多少、进区活动的状态、在区内活动的时间长短、对区域环境和材料的喜爱程度、区内活动的专注及稳定程度等方面进行观察。

观察幼儿参与活动的状态就是观察幼儿参与活动的态度是积极主动的还是被动勉强的，活动过程中是身心投入的还是游离不定的，活动时间是持久连续的还是短暂变换的，遇到困难时是尝试解决还是易于放弃等。

3. 观察幼儿的动作发展状况及在操作活动中的表现

"动作是完整思考过程的最后一部分。"动作幅度和密度的大小，动作顺序的先后，动作的流畅性、精确性、协调性等，都是判断幼儿动作发展水平的重要指标。幼儿在操作活动中的表现反映着幼儿全方位的发展情况，教师可根据观察目的的不同有择地进行观察。

4. 观察幼儿使用材料的情况

在区域活动中，幼儿选择材料的目的性；所选材料的数量、种类和难易程度，操作材料的方法和习惯；解决问题的方式方法等，反映的是幼儿在认知等方面的发展变化与区别，具有重要的观察价值。

5. 观察幼儿的语言表达和人际交往情况

自由自主的区域活动氛围为幼儿的自由交流和交往提供了更多的机会和空间，幼儿在区域活动中与同伴交流和交往的情况，可以比较真实地判断出幼儿的语言发展和社会性发展水平。教师可以观察幼儿交往的态度是主动的还是被动的，对自身情绪的控制力如何、对同伴情绪的理解、与同伴合作的态度、矛盾争端的解决过程等。

6. 观察区域环境背景对幼儿活动的影响

由于个体行为都不是孤立存在的，所以，观察幼儿的区域活动时，要同时关注他们所在的区域的环境背景，这对于教师准确地解释和理解幼儿的行为具有重要的意义。比如区域空间是否足够让幼儿活动？区域内的同伴行为会产生怎样的相互影响？教师参与是否会给幼儿的活动带来影响？意外的事件是否给幼儿带来了干扰等。

7. 观察幼儿的活动结果

幼儿区域活动的结果是多种多样的：表演的一首歌曲、讲述的一个故事、描述的一个事件、搭建的一座楼房、绘画的一幅作品……对幼儿的活动结果进行观察，可以帮助教师判断幼儿的操作结果是否达到了预设的目标要求；不能完成目标和要求的困难在哪里、原因是什么；幼儿表现出哪方面的优势、哪方面的弱势，属于什么层次水平，等等。当然，这样的判断必须是客规的、公正的，应植根于幼儿心理学、教育心理学等教育理论基础之上，因为幼儿是很脆弱和敏感的。同时，这样的判断还应是发展的，因为幼儿是处于不断发展变化中的个体，这对教师的教育素质要求也非常高。

三、区域活动中的教师指导

在区域活动中教师的指导行为是指教师在观察幼儿区域活动这一特定情境下，所做出的有意识的行为反应，该行为对幼儿产生一定的指导意义。区域活动指导可以包含引导幼儿制订活动计划，形成明确的活动意向，以及帮助幼儿实现计划，接纳、支持、丰富和深化幼儿的活动。最后还要指导幼儿做好活动区的整理和打扫。引导幼儿对自己的活动过程进行回顾与评价。

教师介入指导的时机是很重要的，出现以下几种情况是教师必须及时介入的，一是幼儿活动处于情绪不佳或低潮时，教师要及时询问、关心，了解原因，提供帮助。二是幼儿在延伸扩展内容时有困难，特别是快要放弃游戏时。三是幼儿出现负面行为时，如毁坏玩具或材料、与同伴出现打闹时。

区域活动指导主要包含以下常规内容：

指导幼儿有目的地参与活动。前文我们提到每一个区域都有其特定的教育意义和目的，如果教师看到幼儿在区域中无所事事或长时间做与本区域无关的活动，就要观察分析原因，必要时及时介入指导。

指导幼儿遵守规则。这里所说的游戏规则包括一般性规则和游戏本身的规则两方面含义。一般性规则是为保证游戏正常进行而制定的行为上的要求、限制，如建筑区不推积木、图书区要安静等。游戏本身的规则是指游戏本身的玩法或材料操作的方法、程序等，如棋的规则等。作为教师，我们必须认识到，规则的建立不是教师一味地提要求，幼儿被迫去接受，而是要通过情境设置、协商、讨论等方法，让幼儿参与到规则的制定中，让他们真正内化规则，体验规则，这样才能使幼儿真正理解并主动遵守规则。

指导幼儿使用工具材料的方法。教师要引导幼儿正确使用工具，发现不同工具的性质与价值，使工具更好地为幼儿的活动服务，从而提高幼儿的游戏水平。对于一些较复杂的工具，教师还可以进行预操作，从而帮助幼儿对工具的使用有更深入的了解，将其难度进行目标分解，并通过设计系列化的任务逐渐解决幼儿使用工具上的问题。

指导、帮助幼儿解决游戏中的困难。当幼儿在游戏中遇到困难时，教师要倾听幼儿的问题，明确幼儿遇到的困难或问题是什么，与幼儿一起讨论解决问题的方案并实践操作，如果成功了及时总结和鼓励。

指导幼儿的游戏水平。教师指导幼儿的最终目的就是促进幼儿的游戏水平向更高阶段发展。根据维果茨基的最近发展区理论，教师的指导要落到幼儿的最近发展区内。最重要的是教师要根据各个区域的关键经验、教育目标和幼儿的行为、语言评价幼儿的现有水平。

第二节 育美文化在语言区活动中的渗透

语言区的创设在幼儿园区域活动中是非常重要的，但往往又是教师觉得比较难创设的，很多青年教师会把语言区和图书区混淆，即使设立了专门的语言区，也会出现不知道该如何投放操作材料、不知道如何设计适合的游戏、不知道如何指导幼儿参与游戏等问题。本节将着重讲解语言区的创设与指导，以及育美文化培养目标在语言区中的渗透。

语言是交流和思维的工具，是思维的表现形式。人的遗传基因赋予正常人听、说、读、写（画）四种能力发展所需要的巨大潜能。幼儿园语言区是幼儿园利用活动室一隅，通过环境烘托、材料分布、家具隔挡等方式划分出的，用于开展与语言经验相关的各种活动的区域。语言区所提供的活动材料应包括听、说、读、写四个基本部分。

一、语言区的基本功能

首先，语言区能够促进幼儿对语言学习的兴趣不断延伸和拓展，在现代教育理念下，我们倡导让幼儿主动学习，让幼儿通过探究自己感兴趣的事物培养主动学习的能力，无论是哪个年龄段，语言区的功能都是要培养幼儿的这一能力。对于小班幼儿，他感兴趣的话题可能主要是他的生活、家庭、幼儿园的游戏和玩具，等等，到了大班，幼儿可能会对大自然或社会事件产生兴趣，那么不同年龄段的教师就要敏锐地抓住幼儿不断发展变化的兴趣点，在语言区中投放他们感兴趣的绘本、设计适合他们的语言活动，不断拓展和延伸幼儿对语言表达的兴趣。

第二，语言区能充分满足幼儿在语言学习中个别化学习和发展的需要。我们都知道，每个幼儿的发展速度和特点都是不一样的，有的幼儿不善于表达，有的幼儿则特别热爱表达；有的幼儿内心有想法，但一定要悄悄地告诉老师，有的幼儿就特别愿意在众人面前进行讲话……每一个幼儿的特点都应该被尊重，语言区也要满足幼儿个别化发展的需要，无论什么性格特点的幼儿都应该可以在语言区中找到适合他的活动内容。同时，我们在关注幼儿的个别化发展的时候，我们最重要的关注点，并不是幼儿的语言发展能力，而是他的心理需求，这就需要老师们认真地观察幼儿，辨别每一个幼儿行为背后的原因到底是什么，以便教师正确地进行判断和进一步引导，以及进行家园合作。

第三，语言区能促进幼儿社会性和个性等方面的发展。语言是幼儿在集体生活中，以及未来的小学生活中必需的交往工具，因此在语言区里一定要给幼儿提供能够让他们表达的材料和机会，如一些可以进行表演的小活动等，帮助幼儿进行模拟交往和交流。

附：幼儿在语言区可能获得的经验

倾听能力（听）	表达能力（说）	阅读理解能力（读）	前书写准备（写）
1.能听懂周围人的语言，并从中获得有益的信息。 2.能安静地倾听故事、儿歌、散文及传统文学作品等。	1.能用语言讲述自己有意义的经验，用语言表达自己的情感。 2.能描述物体、事件和关系，从语言的使用过程中得到乐趣。 3.能用涂、画、写等方式进行语言表征，并能用记录的方式表达自己的情感。 4.能自然地根据场合调节说话声音的大小，依据所处情境使用恰当的语言进行表达。	1.喜欢听故事，看图书，逐步养成良好的阅读习惯和行为。 2.在自主阅读中学习理解阅读的内容和基本的阅读策略（如预期、假设、比较、验证等）。 3.能对自己喜欢的阅读内容进行叙述、表达与评判。 4.能辨析符号、标识，自主阅读出版的各类故事书及自制书等。 5.在与材料互动中发展符号和文字意识。	1.对前书写活动感兴趣，喜欢用纸、笔进行写、画。 2.萌发初步的书写意愿，愿意用自己喜欢的符号、标记等记录和表征自己。

二、材料投放的种类和内容

语言区是幼儿在班级中进行语言活动的主要场所，材料是帮助幼儿实现语言区功能的物质载体，对激发幼儿阅读兴趣、培养良好阅读习惯、发展幼儿语言表达能力有着重要的作用和意义。所以，阅读兴趣、阅读习惯和语言表达能力，是三个非常重要的方面，缺一不可，特别是阅读兴趣和阅读习惯，都是幼儿能够可持续发展非常重要的能力，所以我们在培养幼儿的语言表达能力之前，先要注重培养幼儿的阅读兴趣和阅读习惯。

语言区中最常见的材料就是图画书，也称为绘本。图画书又可分为游戏书、亲情类、友情类、健康类、自我认知类、艺术类、科学类以及童话故事类图画书等。当然，教师在实际工作中也可以按照其他方式分类，但是在投放图画书时一定要考虑到幼儿的年龄特点和近阶段的兴趣爱好、主题活动等多种因素。

另外，为了培养幼儿的语言表达能力，教师还应该在语言区中投放一些讲述类材料，如带有人物、场景的故事盒，看图讲述的书籍、儿童自制故事书，以及提示了时间、地点、人物、主要事件的故事转盘等。

语言区中还有一类重要的材料，就是有声读物，比如点读笔、故事机等。

语言区的创设及材料投放有几项基本原则，首先是安全性。比如语言区里经常要投放各类书籍或纸张，新书的四角往往是比较尖锐的。尤其是小班的教师在投放书籍时就要特别留意这些细节，挑选圆角的书籍或质地柔软的布书。另外语言区在班级里的位置一定要选择光线适合的、朝阳的位置，尽量不要有过多的遮挡，以保护幼儿的视力。

第二，材料投放要丰富，听、说、读、写等各个方面的功能都要涉及。有的教师把语言区创设成了图书区，只有书籍的投放，也就只达到了"读"的功能，其他几个功能都没有实现，那么这样的材料投放就是片面的。

第三，语言区材料投放还要注重适宜性，也就是年龄特点。图画书有年龄限制吗？可以说每一本图画书，无论是字多还是字少，有字还是没字，原则上是每一个年龄段的孩子都可以看的，但这不代表每一个年龄段的孩子都适合看。我们在给班级投放图画书及其他语言类材料时，一定要认真分析它们的教育意义和价值。游戏类的、句式比较简单的书和材料相对来说更适合小年龄段的幼儿，字数多一些，逻辑更复杂的材料则相对更适合大班的幼儿。

第四，语言区中材料的投放、环境的创设一定要能够积极地调动孩子想玩、爱玩、愿意大胆表达的欲望。当每天区域活动开放时，如果没有几个小朋友愿意进入语言区游戏，那么教师一定要认真分析和反思，是材料投放的原因？还是游戏设计出了问题？

三、语言区的创设及观察指导要点

区域活动开展的四大要素包括环境、材料、幼儿和教师。蒙台梭利曾说过，"环境就像人类的大脑"，在有准备的环境中，幼儿会用眼睛捕捉他最有兴趣的目标，会用耳朵倾听最能吸引他的声音，会用手操作他心爱的玩具……所以教师要为幼儿的游戏和学习创造适宜的环境。材料是教育过程中，教师实施教育功能的一种媒介。幼儿是区域活动的主要参与者，幼儿和教师之间不仅仅是师生，即使是充分体现幼儿个性和自主的区域活动，教师也要特别注重对幼儿行为、性格的观察和生活上的照顾。

（一）小班语言区的创设与指导

环境创设	环境创设原则	3–4岁幼儿刚刚进入幼儿园这个新的环境，需要一个慢慢适应的过程，他们情绪不稳定，有的还会出现分离焦虑，因此，教师将语言区营造出可爱、温馨、安静的氛围能稳定幼儿的情绪，帮助他们进入阅读、交流的世界。这个阶段的幼儿感知觉发展迅速，需要将视听、操作中获得的经验联系起来，使经验更加丰富、生动，促进其感知觉的发展。
	环境创设要点	1. 创设独立、封闭、温馨的区域环境。 2. 按活动类型设立小区域。
材料投放	材料投放原则	3–4岁幼儿的思维逐步由直觉行动向具体形象发展，逐步能在直接感知具体事物时进行思考，其语言经验的积累、图书阅读经验的积累，也需要依靠多种感官的协同作用。因此，我们在投放材料时，不只局限于纸质图书，同时还结合图书内容配以录音、视频、指偶、桌面玩偶、头饰等材料，让幼儿自己借助多样的工具、材料，调动视听等不同感官进行阅读。
	材料投放要点	1. 提供内容画面主体突出、游戏性强的图书。 2. 提供与图书内容相匹配的视频和音频材料。 3. 提供游戏化的操作及表演材料。
观察指导	观察指导原则	3–4岁幼儿喜欢听故事、看图书，初步有了阅读的兴趣，阅读习惯可初步养成，对待图书的积极态度有待发展。因此，在语言区中教师指导低龄幼儿的主要任务是进一步激发他们的活动兴趣，使他们有看、听、说的愿望，帮助他们养成倾听、翻阅、收放等良好的习惯，并鼓励他们爱护图书。
	观察指导要点	1. 集中讲故事，激发幼儿选择图书的兴趣。 2. 陪伴阅读，让幼儿学习阅读的方法，养成良好的习惯（不撕书，一页一页翻书等）。 3. 利用点读笔或故事机等电子收听设备，鼓励幼儿尝试自己阅读。 4. 指导幼儿表演故事，在游戏中大胆说话。 5. 指导幼儿自己选择活动。 6. 注重培养幼儿爱护图书的意识。 7. 用一一对应标记建立收放图书及操作材料的规则。

　　根据小班的年龄特点，教师可以在语言区投放一些柔软的布制玩具或装饰品，如形状可爱、颜色温馨的小帐篷，可以在里面放入一个故事机，这样一个相对独立的小空间会让小班的幼儿感到安全、舒适，对缓解小班幼儿的分离焦虑有一定的帮助作用。

　　在投放图书的选择上，小班幼儿往往比较容易只关注一本书中最突出表现的内容，这是由这一时期幼儿的思维能力决定的，因此在选择图书时教师也要注意选择主体突出，句式简单的故事内容。

故事机的运用在近几年的幼儿园语言区中越来越常见，它使用方便，深受幼儿喜爱，但是教师一定要注意的是，故事机的播放内容不是盲目的、随机的，最好是和语言区中投放的图画书内容相匹配的，教师可以选择本班语言区中重点投放的图画书进行录制。

对于3-4岁的小班幼儿来说，教师最重要的指导重点就是培养幼儿的阅读兴趣，让幼儿"喜阅读"，愿意参与阅读活动，愿意表达图画书中内容。

（二）中班语言区的创设与指导要体现出"乐表达、勤动手"的特点

环境创设	环境创设原则	4-5岁幼儿活动的自主性和主动性有了进一步的发展，逐步产生了与同伴交流的需求，因此，他们需要更为宽松自主的语言区环境，丰富充实、利于探索和交流的区域空间。
	环境创设要点	1. 增加书橱，细化功能区。 2. 墙面内容逐渐丰富，并注意直观形象。
材料投放	材料投放原则	4-5岁幼儿逐渐对事物有了自己的想法，逐渐产生与同伴交往的需求，他们的自主性和交往能力有了进一步发展的需要，他们的语言虽仍体现出情境性，多为简单句，但已逐步向完整性和连贯性发展。一方面，教师在材料的种类上要注意丰富性和互动性，满足幼儿阅读、操作、表达、交流等多方面的需要；另一方面，在图书的内容上要注意多样性，满足幼儿按照自己的意愿选择的需要。
	材料投放要点	1. 提供内容较多元、画面较丰富、形象性强的图书。 2. 提供促进表演的操作材料和道具。 3. 提供能拓展主题经验的电子阅读内容和材料。

观察指导	指导原则	4–5岁幼儿活动的目的性不强，注意的稳定性和持久性有待发展，需要在成人的引导下，学习较细致地观察图画书画面上的人物、动作、表情等细节，逐渐形成初步的自主阅读能力，在阅读学习过程中逐渐能够自己思考。因此，幼儿在语言区的活动仍然离不开教师的指导，而指导的主要任务，应是帮助幼儿明确活动目的，鼓励幼儿自主选择、主动参与，积极表达，运用直观形象的方式引导幼儿理解和思考。
	观察指导要点	1. 师生推荐好书，激发阅读的兴趣。 2. 在共读中指导幼儿细致观察画面，增强阅读的能力 3. 用视频和音频拓展幼儿的经验。 4. 引导幼儿进行读书交流，促进幼儿的进一步阅读。 5. 帮助幼儿学习共同阅读一本书。 6. 利用形状标记引导幼儿分层分类收放图书和其他操作材料。 7. 通过协商讨论建立两人共读图书的规则（轮流、交往、友好共读等）。 8. 提供小书签辅助阅读。

　　4–5岁的中班幼儿，正是规则意识建立的关键时期，因此语言区的各个功能要更细化，操作区域、"书写"区域、阅读区域等要有比较清晰的划分。在墙饰上仍然要体现直观形象的特点。中班幼儿的思维活跃度是非常高的，教师应有意识地记录下幼儿在阅读时的思考与表达，这是他们"思维的闪光点"，也可以把它们原汁原味地呈现在墙饰上，鼓励每一个孩子都大胆说出自己的想法，即便孩子并不认识上面的字，但他知道这是他的想法，老师听到了我的想法！

　　中班投放的书籍内容要更加多元，画面相较小班要更加丰富，特别是友情类和自我认知类的图画书，因为此时的幼儿正处于社会交往的关键期，可以通过优秀的图画书引导幼儿形成正确的交往行为和自我认知意识。

　　到了中班，教师可以多让幼儿自己推荐图画书，向别的小朋友介绍自己喜欢的图画书的过程，实际上就是幼儿组织思维、锻炼表达的过程。开始时幼儿可能并不知道应该怎样推荐一本书，那么教师可以先当推荐人，向幼儿讲一讲自己为什么喜欢这本书，让幼儿通过模仿学会有逻辑地表达自己的想法。

　　教师还可以在中班的语言区中投放一些小书签或便利贴，方便幼儿在看到自己喜欢的某一页时做上标记，帮助幼儿建立初步的做"阅读笔记"的习惯。此年龄段的幼儿想象力非常丰富，往往能表达很多自己的新奇的想法，但是却很难表现出来，教师此时一定要及时介入，帮助幼儿用文字或画面表现出他的想法，这个过程同样能够帮助幼儿建立更有逻辑性的思维，以及学习如何表现出自己的想法。

（三）大班语言区的创设与指导，体现幼儿"善发现，乐探究"的特点

环境创设	环境创设原则	5-6岁幼儿已经具备阅读的兴趣，形成较稳定的阅读行为，但良好的兴趣和习惯需要不断强化和促进，所以温馨、舒适、安静、具有审美性的阅读环境依然是我们要努力创设的。5-6岁幼儿已形成较强的自主意识，具有了一定的规则意识，求知的欲望更加强烈，语言表达及符号表征能力增强，他们需要充足的空间自己安排、自我表达、与同伴交流合作。因此，幼儿在语言区的环境创设中，主体性体现得更加突出，环境应更凸显对幼儿自主学习的支撑作用。
	环境创设要点	1. 提供桌椅，增设写画、修补、制作的区域。 2. 让幼儿设计布置环境。 3. 桌椅要高度合适，利于幼儿姿势正确地进行写、画、活动。 4. 与相关区域毗邻，增进区域间互通。
材料投放	材料投放原则	5-6岁幼儿能自己专注地阅读图书，对图书和生活情境中的文字符号感兴趣，求知欲强烈。情节曲折、画面丰富的图画故事书，趣味性强的科学图画书，有探索空间的益智类图书，对他们都有着巨大的吸引力。因此，我们可以和幼儿一起为语言区准备图书，让幼儿自己决定带什么书，这样，图书的内容和种类会更加丰富而多元，更加契合幼儿的兴趣需要。另外，这个阶段的幼儿能够并喜欢说故事、编故事，有写写画画的愿望，因此，我们还应提供各种操作、表演的材料，以及满足他们写画、制作、修补图书需要的工具、材料，让他们通过与丰富的图书、工具、材料的互动，发展阅读理解、探究发现、自我管理等多方面的能力。
	材料投放要点	1. 提供种类多样、内容丰富、风格多元的图书。 2. 提供拓展经验、激发探究的视频和音频材料。 3. 提供利于幼儿自主操作和合作表演的游戏材料。 4. 提供满足幼儿写、画、修补、制作的工具材料。 5. 对幼儿收集的图书进行筛选，让幼儿分类整理并设计分类标记。

观察指导	指导原则	5-6岁幼儿在活动中有一定的目的性和计划性，积累了一定的阅读经验，能观察复杂的画面细节，阅读理解能力增强，但其自主阅读能力有待进一步提高，他们需要获得更为丰富多样的阅读经验，以逐渐做到自己阅读各种图文并茂的图书，并进行独立思考。这些能力的提升，都需要成人的引导，引导他们选书、读书、提问、讨论、思考。在语言区，多元的阅读环境和阅读材料为幼儿提供了丰富的阅读经验，这就需要我们进行及时恰当的引导，帮助幼儿在自己的经验基础上丰富经验，发展语言、思维、社会交往等各方面能力。
	观察指导要点	1.多种形式推荐好书，激发幼儿阅读不同图书的兴趣。 2.组织幼儿自主借还图书，满足每个幼儿选择和阅读图书的需要。 3.借助读书笔记引导幼儿互动交流，讨论图书内容和主题。 4.通过操作游戏，鼓励幼儿进一步感受、演绎图书故事。 5.在自制图书、讲述故事中，引导幼儿想象创编和积极表达。 6.指导幼儿学习修补图书的方法，形成对待图书的积极态度。 7.关注幼小衔接，指导幼儿掌握正确的阅读和书写姿势。 8.运用数字符号或文字建立分层顺序收放材料的规则。

大班幼儿要特别注重阅读姿势和阅读习惯的培养，所以此时的语言区不要再使用地垫，而是要换成高度适宜的桌椅，同时，要多让幼儿参与区域环境创设的讨论中，如我们班的语言区放在哪里比较合适？现在的语言区光线合不合适，桌椅摆放合不合适？如果不合适，怎么调整？等等，让幼儿更多参与到环境布置和物品摆放的工作中，这会让大班的幼儿更加自信和有归属感。

在区域设计时，我们还要考虑到区域联动的特点，大班的幼儿思维能力和动手能力都更强了，区域间的关联性也更加密切，语言区常常会有美工区、表演区等区域有关联合作，我们就要在设计区域位置时把这一点考虑进去。

大班语言区投放的书籍一定要种类丰富，科学类、认知类、学科类等，各式各样的书籍，而且一定要让幼儿参与图书的分类、整理和设计标记的工作，这看似是一个很不起眼的工作，很多教师为了能快速完成都是干脆自己来，但实际上这是一个培养和体现幼儿思维的科学性、逻辑性，体现自主能力的综合性过程，虽然开始的时候孩子们会出现各种错误，整理得也不够整齐、迅速，但这对幼儿来说是一个非常宝贵的经验，一定要给他们尝试的机会！

第三节 育美文化下教师对区域活动指导的思考

抓住幼儿兴趣实现区域联动

小班教师：赵婕伊

小班幼儿的思维特点是以具体形象思维为主，通过直接感知和亲身体验来实际操作进行科学的学习，小班幼儿的经验来源于实际生活，因此在培养幼儿能力时，我们要着重激发幼儿探究的兴趣，善于发现和保护幼儿的好奇心，充分利用自然和实际生活机会，引导幼儿通过观察比较、操作、试验等方法，学习发现问题、分析问题和解决问题，从而帮助幼儿不断积累经验，并运用与新的学习互动，形成受益终身的学习态度和能力。

一、区域活动设计意图

结合小班幼儿喜欢大自然，对周围很多事物和现象感兴趣，经常问各种问题，或好奇地摆弄物品这一特点。我们发动了家长资源，丰富班级自然角供幼儿探索，今天窦暖阳小朋友带来一盆植物，名字叫作"落地生根"，这个奇特的名字引起了孩子们的兴趣。老师什么是落地生根呀？于是我抓住教育契机，与孩子们一起查找了资料，预设目标，设计合适的区域教育内容。

通过调查我们发现原来落地生根是一种草本植物，也叫不死草，有极强的生命力，阳阳带来的花盆里是落地生根的芽，将芽种植在土里后，很快便会生长。落地生根还有药用价值，可以解毒消肿，活血止痛、治疗烫伤烧伤。查阅资料后孩子们更感兴趣了，纷纷说道："老师，这么多种子我们多种一些落地生根吧，它还能治病呢。"

二、区域环境

美工区——提供丰富的材料供幼儿自由选择和创作。

结合小班幼儿喜欢观看花草树木、喜欢涂涂画画的年龄特点，我引导着说："好呀，可是没有这么多花瓶怎么办呢？"这时瑶瑶说："我们可以用酸奶杯，我奶奶就把我喝的酸奶杯留着，奶奶说还能种花呢！"珊珊说："酸奶杯不好看，我会画画，我来给酸奶杯装饰。""我也会画画！""我也来装饰"教室里热闹极了。于是我们在美工区开展了"漂亮的花瓶"活动，小朋友们都选择了自己喜欢的颜色装饰了起来，不一会几个漂亮的花瓶就出现了。

自然角——提供丰富的材料，如种子、喷壶、种植步骤图、放大镜，供幼儿自由探索和观察。

要想成功种植好落地生根，我们就要了解种植的方法。我用图片展示的方法引导孩子们认识根、茎、叶。用示范的方法先来松松土，然后轻轻地拿出"芽"，找到根部，朝下对准土壤，轻轻地插进去，保证根部在土壤中，最后再浇点水，教室里响起了欢呼声："种好了，种好了！"一颗小嫩芽挺拔地站在小花盆里。"老师我也想种。"我说："好呀！不过要想种植成功，种子也很重要，首先需要选择优质的种子，残缺或根部受损的需要淘汰。于是科学区的小朋友利用放大镜，仔细地筛选好的种子，然后给植物角的小朋友种植，于是小小的流水线开始了，小朋友们有的绘制花瓶，有的筛选种子，有的负责种植，忙得不亦乐乎。

建筑区——提供材质不同的搭建材料，供幼儿自由选择和创作，提供图片支持幼儿创造。接受及肯定幼儿搭建行为。

丞丞急急忙忙地来到建筑区，开始挑选材料，我走过去问："丞丞，你今天想搭建什么呀？"丞丞抬起头认真地说："我想搭建个花坛，这样我们就可以把小花盆都放到花坛里，下雨刮风也不怕，也不怕被坏人破坏！"我说："你的主意真好，可是花坛用什么材料呢？"这时又有两个小朋友走了过来，轩轩说："我知道，我知道，我在公园里看见过花坛，是用石头围在一起的。"佳佳说："我在小区里看见的是木头的花坛，可好看了！"我说："那我们一样搭一个吧！"于是建筑区的小朋友们也忙碌了起来。靖博说："我来拼一辆洒水车，我给小芽浇水。"

正当孩子们忙碌的时候，娃娃家的弘毅大叫一声："哎呦，太烫了，我被热水烫了！"科学区里的雨弛、雨恒赶紧来救援，对着弘毅说："没事没事，你先休息一会儿，马上给你治疗。"只见雨弛把刚才淘汰的嫩芽放到纸巾上，用小锤子敲碎，然后用纸巾捂着弘毅烫伤的部位。我惊讶地说："这个小医生好厉害，在哪学的呀？"雨弛高兴地说："动画片里都是这么演的。"我笑着摸了摸他的头。

很快，区域时间结束了，我请小朋友们到前面分享今天的作品，孩子们比平时话多了很多，其他小朋友也听得很认真，接着我说道："今天有几个小嫩芽在小朋友们的帮助下还治病救人呢！"原来小植物们也是乐于助人的，让我们一起来听一听《彩虹色的花》的故事吧！孩子们在兴趣中听得特别认真。

通过本次活动，我更深刻地感受到了：幼儿科学学习的核心是兴趣，而不是老师的灌输和训练。我们要善于发现幼儿感兴趣的点，加以引导，从而使幼儿产生自发的观察、探究、操作等行为，培养幼儿独立发现问题、解决问题的能力，帮助幼儿不断积累经验。引导幼儿成为爱自然、喜阅读的小朋友。

乐表达，勤动手

中班教师：俞璐璐

中班阶段幼儿的突出特点是特别活泼好动，活动的主动性和积极性增强，有初步的合作意识，开始对游戏规则和生活中的常见规则感兴趣，并能意识到规则的意义。因此，在设计活动时既要满足中班幼儿活泼好动、积极主动的特征，又要帮助他们在区域活动中自主游戏体验规则，满足个性化的发展，还要满足他们爱玩、会玩的心理需求。

在为幼儿提供多种活动的同时，充分发挥区域游戏教育功能，使区域游戏不再是一个辅助的教育手段，而使其真正成为实现中班孩子教育发展目标的重要途径之一。我们班以幼儿的活泼好动为出发点，以幼儿的兴趣为动力，通过丰富的区域活动提高幼儿动手操作能力，开发幼儿智力。

1. 区域活动的设计意图

区域活动是让幼儿自我学习，自我探索，自我发现，自我完善的活动。《指南》中也指出："选择幼儿感兴趣的事物，有助于拓展幼儿的经验和视野。"我观察到幼儿会经常用超轻黏土做甜甜圈，我蹲下来与孩子说："我发现你们最近一直都在做甜甜圈呢！"妮妮一边摆弄自己的甜甜圈一边说："是呀，因为甜甜圈甜甜的，吃了我就很开心呀！"豆豆说："我的甜甜圈是巧克力味道的，你尝尝！"这次对话后，我发现孩子们能将生活中的经验迁移到区域中来，捏得像模像样，但对于颜色搭配的经验比较匮乏。于是，我们从幼儿的兴趣点出发，创设了甜品屋，在游戏中培养幼儿动手制作的能力，同时锻炼幼儿的社会交往能力和口语表达能力。

2. 预设目标、设计适合的区域教育内容

角色区：创设相应的场景环创，提供丰富的材料供幼儿自由选择与制作。

　　我们把区域的墙面打造成甜品店的样子，粘贴了一些甜品的制作步骤图，在区域中我们投入了不同颜色的黏土，盛放不同甜品的容器，有纸杯蛋糕的、小杯子蛋糕的、切片蛋糕的，还有裱花袋和餐具，鼓励幼儿自己动手制作甜品。幼儿非常感兴趣，超轻黏土在他们的手中，变出了各种各样好吃的甜品，在制作甜品的时候幼儿的动手能力提高很快。甜品店第一位小客人到来时，甜品师们有点慌张，我看到了就走过去充当起服务员的角色，把小客人请到了店里，询问小客人想要什么甜品，然后把客人需要的甜品告诉甜点师，"关西溟，这位小客人想要一份纸杯蛋糕。"甜品师们这才放下心做起蛋糕来。之后又来了一位小客人，这回甜品师们就主动来问小客人想吃什么了。小客人拿到甜品后也会对甜品做出评价，幼儿玩得非常开心。在之后的区域评价时间，我们对今天的甜品区进行了着重点评，帮助小朋友再次梳理了客人来了之后要做的事情。

　　美工区：提供丰富的美工材料与绘画工具，初步了解色彩、线条的表达方法。

　　甜品区制作好的甜品，我们也会放到美工区的展示台上，美工区的小朋友一看甜品屋做出的甜品非常好看，于是就把制作出来的美味甜品，利用其他的形式进行展现。在美工区我们投放了空白的纸盘，彩笔、蜡笔等材料，有的小朋友就用绘画的方式把美味的甜品画出来，或者给甜品的盘子画上美丽的花纹，让甜品变得更加诱人。萌萌看到甜品师做好的蛋糕非常喜欢，于是自己走向美工区的柜子，拿出白纸和彩笔，认真地画了起来，画着画着她突然停下了笔，拿起了蛋糕，左看看又看看，我走过去问萌萌："怎么了萌萌？""老师这个是什么呀？"她指着蛋糕上面的红色小球说。"老师也不知道啊，不如我们问问甜品师吧。""甜品师，这个红色小球是什么呀？""这个是草莓呀。"问完甜品师萌萌就回到自己的位置，之后就看到她在蛋糕的最上面画出了红红的草莓，还加上了绿色的叶子。

益智区：提供不同大小、不同种类、不同材质的拼插玩具。

在益智区孩子们能主动地、专心地进行操作活动，尝试用雪花片、轮管、宝宝乐园、聪明棒等塑料材质的高结构玩具进行了一些垒高、平铺、延长、架空等简单拼搭。关西淏小朋友利用雪花插片拼插了一个作品。我问："关西淏，你拼的是什么呀？"他答："一个大大的甜品屋，里面还有桌子和椅子，还有好多好多好吃的甜品呢！"关西淏不仅能利用拼插玩具，同时还利用扭扭棒制作了好吃又好看的各种甜品。说明他已经尝试运用已有的知识经验，学习、类推新的经验，初步发展推理和迁移。充满魔力的益智区就像给了孩子们一把开启智慧之门的金钥匙，他们在其间自行操作、摆弄、摸索、尝试，在不断发现的过程中不知不觉走进了智慧的宫殿。

语言区：能看懂多幅图画书，初步理解幅与幅之间的关系，能有序观察图片或实物，并用较完整的语言讲述。

在我们的阅读区有一本绘本故事叫《猴子甜品师》，孩子们在阅读时会不自觉地进入情境。玖玖和兮兮今天又来到了阅读区，他们拿起了这本绘本，兮兮说："我来当小猴子，你来当老板吧。"玖玖说："我们一起来看看这本书吧。"之后两个小朋友就开始一页一页地翻阅图书，嘴里还念念有词，分角色在进行阅读呢。

表演区：提供丰富多样的道具服装，音乐播放器、乐器等，为幼儿的表演提供支持。

通过阅读区的阅读，我们把故事延伸到表演区，在表演区投放小猴子头饰和老板帽子的头饰以及甜品的道具，孩子们看到都非常喜欢，纷纷来到表演区，一开区大家就争先恐后地来到表演区，开始选择自己喜欢且擅长的角色，在表演这个故事的时候，因为孩子们已经很熟悉故事情节以及人物之间的对话了，所以在表演的时候大家都非常的顺畅。通过表演，进一步提高了幼儿对于角色的理解能力和语言表达能力，让他们成为乐于表达自己想法的小朋友。

围绕"甜品屋"主题开展的一系列区域活动，充分体现了我园育美文化下对中班幼儿"乐表达，勤动手"的培养目标。在活动中我们投入了丰富、适宜的材料，给幼儿创造了充分的学习机会，让幼儿在快乐的游戏中提升了各项能力。

有爱的区域活动

大班教师：李燕飞

大班幼儿的学习方式是合作化的共同学习，在一日生活中，同伴间互动、合作多了，开始注意向同伴学习。结合幼儿年龄特点和学习方式，教师要有目的、有计划地组织幼儿开展内容丰富、形式多样的合作游戏，如共同完成一幅画或进行两人合作或多人一组的体育游戏等，把每个人的想法和意见都融进去，这时两个或多人协商的过程，就为幼儿提供了锻炼的机会。

升入大班后，幼儿开始有意识地进行初步地合作游戏，对于活动区中的新玩具也在逐渐探索中，孩子们在进行区域活动时也有了一定的经验。作为教师，我们也开始引导幼儿在活动区之前做计划，区域活动能够按照计划进行，孩子们也有了初步做计划的意识并能够自主地选择活动区。

一、区域活动设计意图

尊老、敬老是中华民族的传统美德，农历九月初九重阳节是我国的传统节日，我们抓住这一教育契机，为了让幼儿感受中华传统美德，体验与老人之间浓浓的亲情，并用自己的行动来表示对爷爷奶奶的情感，我们在班里开展了"敬老，爱老"的主题活动。通过此次活动让幼儿学会爱自己身边的老人，做一个懂孝敬，乐奉献的小朋友。结合这个主题我们为幼儿创设了美工区、表演区、角色区、建筑区等，在区域活动中我们为幼儿提供多种材料，幼儿可以在活动区中制作礼物、表演节目、开专卖店、搭建甜品屋等，以此表达幼儿对老人的关爱。

二、区域环境及材料

进区之前，孩子们分别为自己的区域活动做计划。乐乐说："我要去美工区给奶奶做一个重阳糕。"妞妞说："我要去扎染坊给姥姥扎染一条漂亮的围巾。"圆圆说："瑶瑶，我们去表演区给爷爷奶奶表演一个节目吧！"孩子们纷纷讨论着自己的区域计划。

美工区：喜欢用绘画、手工制作等多种方式制作作品，表达自己对老人的爱，从中获得成功的体验。

我们为幼儿投放了重阳花糕和菊花的制作步骤图，为幼儿提供彩泥、彩纸、剪刀、胶棒、彩笔等工具，孩子们可以按照图示为家里的老人制作礼物。在一次活动时，乐乐第一个选择了美工区。他拿出一些彩泥和装饰品，又拿出老师提前准备的重阳糕的图片，模仿着图片开始一点一点制作起来。他用小手揉出了一个圆饼，又拿出辅助工具做花边，接着又用其他装饰品在圆饼上进行点缀，细致地用镊子夹起小宝石，一颗一颗耐心地往上放。

角色区：能根据角色的需要选择和使用适宜的游戏材料和工具，不断丰富游戏情节。

我们创设了扎染坊，在扎染坊中为幼儿提供了相关的布料、颜料、密封袋、皮筋等等，孩子们在扎染坊中可以为家里的老人动手制作扎染饰品，充分锻炼幼儿的动手能力。在扎染坊中，幼儿之间可以相互合作，幼儿会商讨如何分配角色，合作进行游戏。在观察活动区时，扎染坊的"扎染工人"妞妞叫我："李老师，您能帮我拧干这条围巾吗？"我走过去一看，她一双小小的手在用力拧一条大大的围巾，拧半天还是拧不干。我接过她手里的围巾说："我帮帮你吧。"拧好之后，妞妞拿着围巾，瑶瑶拿着皮筋，他们俩一起将围巾固定好，妞妞拿起蓝色的颜料说："我姥姥最喜欢蓝色，我要给他扎染一条蓝色花纹的围巾。"说完开始在围巾上一点一点地滴颜色，生怕挤多了或挤少了。扎染坊的售卖员希希也开始招揽顾客："我们这里有最好看的扎染围巾、包包，快到重阳节了，给奶奶姥姥买一个带回去吧！""快来看呀，扎染坊出新品啦！"听到希希的声音，好几个小伙伴都凑过去说："希希，我想给姥姥买一条围巾，多少钱？""希希，这个扎染包包多少钱？我也要送我奶奶。"

通过观察以上几位小朋友，我发现他们已经有了初步的合作和分工意识，并且他们细致认真地制作让我觉得他们在活动过程中懂得了重阳节的含义，对老人的喜好也是十分了解，也正说明他们是懂得敬老、爱老的小朋友。

表演区：喜欢参加表演活动，能大方而自然地表演，体验表演给他人带来的乐趣。

我们为幼儿提供了敬老爱老的歌曲和漂亮的服饰，孩子们可以根据自己喜欢的歌曲，选择适宜的服装来进行排练，老师可以将孩子的视频发送给家长，传达幼儿对老人的情感。表演区的"百善孝为先"歌词又一声声地传入我的耳朵，走过去一看，原来表演区的小朋友们正在老师的指导下表演"百善孝为先"的节目。圆圆说："安然，你站在左边，果果，你站在右边。说到第三句的时候，你们俩换个位置。"果果说："我可以一边拍手一边换位置。"安然说："我可以摆一个兰花指换过去。"这时圆圆正在为小朋友们安排位置，也在商量着如何变换位置。可以看出他们正打算合作表演一个节目。安然说："我来报幕吧。接下来请欣赏由大二班小朋友带来的舞蹈表演《百善孝为先》。"练习了一遍之后，他们便准备开始表演。圆圆说："李老师您看，我们刚学了一个手势舞，一会您帮我们录下来发给爷爷奶奶看吧！"我说："好啊！"我拿出手机，边录像边看着他们，心里也是满满的感动，我说："你们排练得真好，爷爷奶奶一定会喜欢的。"

建筑区：会根据主题需要，运用垒高、连接、楼中楼等技能有创造性地进行搭建，突出搭建主题。

幼儿想要为老人们搭建一个设施齐全的公园，因此我们在区域中为幼儿提供了不同的公园图例，还为幼儿提供了不同搭建技能的方法如：垒高、连接、楼中楼等，引导幼儿学习有创造性地进行搭建。看到建筑区的小朋友们正在合作搭建房屋，我走过去看着他们搭建，还没等我开口问，得得就告诉我："老师，您看我们搭建的是一个老年公园，这里是我搭建的楼房、我这里用了交叉垒高的方法，宸宸帮我扶着，我才能搭这么高。餐厅是宸宸搭建的楼中楼，我帮他一起用小积木围拢，然后把半圆形的积木放进去，再围拢一圈，楼中楼的餐厅就搭建好了；还有这里是跳广场舞的地方。诶？对了，我还经常看见小区里的爷爷奶奶下棋，宸宸我们再搭建一个下棋的区域吧！"说着便开始拿出小块积木搭建。

三、活动反思

在这次的区域活动中，孩子们的想法和专注度让我感到非常惊喜，乐乐小朋友平时总是喜欢换一个又一个活动区，玩游戏的时候也不专注，今天在制作重阳糕的时候让我看到了他认真细致的一面。小朋友们在活动区中已经有了初步的合作意识，并且合作较为愉快。在建筑区的游戏中，还体现了大班幼儿的特点，有创造性地进行搭建，突出主题。小朋友们不仅可以对照着自己的区域计划而且还能结合自己生活的一些经验来完成自己的小任务。其实，不单单是重阳节，我们要把懂孝敬、乐奉献的精神品质渗透到孩子们的日常生活中，即使不是重阳节，我们也会将中华传统美德传播给每一名幼儿，让幼儿在幼儿园懂得关心他人、爱护他人，在家中为家人做一些力所能及的事情，引导幼儿做一个懂孝敬、乐奉献的小朋友。

第 三 章
育美文化下的集体教育活动

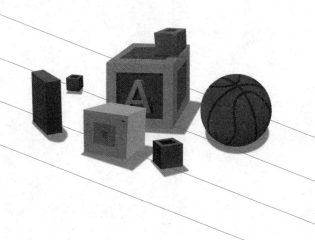

第一节　对集体教学活动的认识与思考

集体教学一般是指由教师按照一定的教学目标，依据一定的原则，选择教学内容，设计教学过程，面对全体幼儿实施教学过程的活动。通过这个概念，我们可以看到，首先，集体教学活动的教学目标是提前设定好的，教学目标一定是教学活动开展过程中最关键、最核心的依据；其次，集体教学活动的开展要依据一定的原则，也就是说我们每一个活动的开展不是教师想当然而做的。教学内容的选择体现了一个教师的儿童观、教育观，什么样的教学内容真正适合孩子，什么样的教学内容真正能促进孩子的发展、具有真正的教育价值，所以如何选择适当的教学内容也是非常考验教师的基本功的。教师是设计教学过程的主体，教学过程如何紧扣教学目标，顺利达成教学目标，抓住孩子的兴趣点，遵循孩子的学习规律，在孩子学习的过程中帮助他们解决问题，这是对教师教育基本功、教育观念、教育方法等的考验。

面对全体幼儿是要求教师们明白我们的对象是面对全体幼儿，既要照顾全体幼儿，又要顾及个别幼儿的需求。

一、集体教学活动的独特功能

"要求儿童掌握的知识可以分为简单知识和复杂知识两类。对于简单知识，儿童在与成人的日常交往中，在游戏、劳动和观察中就可以习得，无须专门教学。但是儿童获得的这些知识多是零散的，要使儿童掌握复杂知识，则须经过专门的作业教学（即集体教学）。"

——乌索娃

通过苏联教育家乌索娃对集体教学的阐述，我们看到"简单知识"和"复杂知识"两个概念，什么是"简单知识"呢？就是幼儿可以通过生活活动自然习得的知识，不需要进行单独教学。比如在实际教学中，有很多青年教师可能都上过"认识水果"这样的课，课前准备各种水果，通过一节集体教学活动，告诉幼儿某种水果的名称，让幼儿看一看，摸一摸，尝一尝。而"认识水果"这样的教学目标，就是幼儿能够在日常生活中自然习得的，如果专门拿出时间来进行一节集体教学活动，其实是比较浪费时间的，如果我们把这样的教学活动和生活活动相结合，在幼儿吃加餐水果的时候进行，就更加自然了。

集体教学活动是教师将孩子们从自然的游戏状态组织到一起，共同达成一个教育目的的过程，时间是很宝贵的，所以集体教学活动的选择应具有更大的教育意义，作为教师，我们在制定集体教学活动方案之前要思考这一教学目标的实现是否可以放在区域活动中进行小组学习？是否可以延伸到家庭中，在生活中自然学习？而我们的集体教学活动，是知识结构中有逻辑关系的、有层次性的，或是我们日常生活中不易系统学习的，如艺术领域等，可以采用集体教学活动的形式。

"我赞成在幼儿园里给予幼儿更多的时间和空间，让幼儿能够获得更多的自我发展的机会，但是，我并不认为应该以牺牲教师有效的教学作为这样做的代价。"

——朱家雄

幼儿园到底还应不应该"上课"，教师有效的教学对幼儿来说是非常有必要的。在集体教学活动中，如果一个教师能够在集体教学活动中有非常清晰、适宜的教学目标设定，充沛的教学活动准备，新颖、完整、流畅的活动过程设计以及良好的师幼互动课堂氛围，不难想象，这位教师在带班中，无论是生活活动还是区域活动对孩子的指导一定也是能够做到有观察、有指导、有回应、有智慧的。

所以作为刚步入幼教行业不久的广大青年教师来说，不断磨炼自己的集体教学活动组织基本功，是提升自身整体专业素质的有效途径。

二、集体教学活动中存在的常见问题

很多教师在日常备课过程中或遇到听评课活动时，往往最先想到的是"我想开展什么活动""我擅长哪个领域""我要表现哪些活动形式"，而很少会先去思考"我们班孩子最近对感兴趣，他们最近在探究什么""目前他们在学某一个知识点的时候遇到了什么困难和瓶颈"，这就是青年教师在教学活动设计中经常出现的重"教"轻"学"问题。

那么具体表现是什么呢？首先，容易忽视环境和地域，例如，如果正值冬天的时候，我们就要围绕环境和地域的特点进行设计，就没有必要开展认识夏天或夏天才能进行的活动。又比如，生活在江南水乡的幼儿，老师在开展美术活动时就可以引导幼儿观察身边的环境，画一画小桥、湖水、凉亭，这些都是幼儿生活中常见的景物，而生活在我国西北、东北地区的幼儿就很难见到这样的景物，如果一定要他们来画，就是忽视了地域特点，幼儿操作起来就会觉得特别困难。

其次，幼儿师们还容易忽视幼儿的年龄特点和已有认知经验。也就是说我们在设计教学活动之前，一定要充分了解本班幼儿的年龄特点，如果是大班就要结合大班幼儿喜欢合作、交往、相互帮助的特点，活动设计也要更具挑战性和开放性；如果是打击乐活动，就要考虑到本班幼儿是否有足够的前期学习经验，等等。

最后，有些教师在设计活动时还容易出现脱离幼儿生活的现象。生活和游戏是幼儿学习的最基本的途径。幼儿的生活其实是提供了我们教育的沃土，幼儿的学习内容一定要来源于生活，教育最终的结果是要回归生活。

教师的任务，不仅仅是制定教学目标，选择教学内容，调控教学过程、组织教学活动，而且教师的施教也应该是幼儿学习的"催化剂"，教师在课堂中要帮助幼儿学会主动思考，学会学习。课堂教学中传统模式——教师"教"和幼儿"学"将不断让位于师生互教互学，真正实现"教""学"相长，形成师生间的"学习共同体"。

第二节 育美文化下的图画书教学活动组织与实施

北京一幼海晟实验幼儿园城市副中心园，在"育美文化"下的园本课程实践研究中，不断探索适宜幼儿成长的课程模式，以图画书（绘本）为媒介，利用图画书生动、活泼，易于被幼儿接受的特点，开展丰富多彩的图画书教学活动，培养有爱心、文明、健康、创新的最美小公民。

一、基于政策，理解语言领域中运用图画书的意义和价值

图画书（绘本）是一种图文合奏的艺术，具有直观性、形象性、美观性的特点，是用幼儿喜欢的图像语言以及幼儿能够读懂的图画表现形式，向幼儿展现一个神奇的、充满想象与创意的世界。对幼儿而言：图画书不只是书本，还是玩伴、是游戏材料，是展开游戏和表演的剧本，是点燃他们想象的火炬；能够创造交流的话题。对教师而言：抓住图画书的核心价值，鼓励幼儿多样化的阅读，生成多样化活动，扩展想象，加深理解，充实经验，发展语言，增强体验。优秀的图画书能够催生幼儿的好奇心、创造力、思维语言、审美能力和良好的品质。

《<3-6岁儿童学习与发展指南>解读》中提出："关注高质量的早期阅读环境，帮助幼儿做好终身学习的读写准备"。早期阅读教育活动，需要在帮助幼儿获得高质量的口语词汇、口语表达和倾听理解能力的基础上，提供机会让幼儿获得前阅读、前识字和前书写的经验，从而为进入小学之后的正式读写

学习做好经验准备。

一本优秀的图画书，应当是文学语言、美术语言和教育语言的有效结合，可以多维度地帮助幼儿在学习阅读中获得全面发展；同时一本优秀的图画书，也为幼儿提供了口头语言和书面语言整合学习和运用的机会。

图画书的主题、情节、图画、角色、语言及文学表达，与语言领域中的阅读兴趣、阅读理解、发展口头语言及多种表达、书面语言经验发展等目标，能够很好地相对应，所以，图画书是语言教育的最佳素材之一。

二、精读图画书，做好开启图画书教学的第一步

一本图画书都可以怎样读呢？教师们最常用的是不是按书页顺序读？但是这样往往会忽略了图画书中很重要的组成部分：封面、环衬、版权页、扉页、内页、封底，这些信息是建议教师都要给幼儿介绍的，一本优秀的绘本往往会在很多细节处蕴藏着丰富的内涵，错过了这些，那就太可惜了！

除此之外，经过泛读之后，教师还可以带领幼儿"深度扩展读"，了解图画书的作者或绘画者、翻译者，感受书的风格特点和故事发生的历史背景等；"人物立体读"，带领幼儿观察书中人物的服饰、动作、表情、个性、情绪、态度等；"场景细节读"，与幼儿一起体会书的构图、色彩、线条、光影；还可以"横向对比读"，与幼儿一起讨论书中的人物变化、场景变化、字体变化等，经过这样的深度精读，幼儿不但能够对故事内容有了更加深刻的理解，而且能通过这样的过程提升幼儿的观察能力、思维能力、审美能力等综合素质。

三、如何开展图画书教学活动

图画书教学是指在幼儿园语言领域集体教学中，把图画书（绘本）作为教学的主要材料，教师充分挖掘并利用绘本中的丰富资源设定活动目标，有目标、有组织地开展的集体教学活动。幼儿是图画书阅读的主体。幼儿图画书阅

读过程应当成为教师引导下的幼儿对图画书的探索发现之旅，包括感知、理解、想象、表达表现等心理过程，读图、讲述、表征（语言、身体语言、绘画等）是幼儿图画书阅读的重要组成部分。

图画书教学又可以分为两种情况，一是将图画书作为阅读课程，目标围绕阅读活动设定；另一种是将图画书作为课程资源，教师通过找准绘本内容的指向，如健康习惯、情绪管理、社会性等，设计其他活动。下面就以图画书作为阅读课程为重点进行分析。

将图画书作为阅读课程开展需要遵循以下三个原则：一是以幼儿的阅读发展为中心，是幼儿主动构建意义的活动，体现幼儿的观察、联想、推理、联系、整合等综合能力；二是活动中体现核心目标，即促进幼儿的词汇学习、发展阅读理解能力与思考能力等；三是明确绘本阅读的重要任务，建立图文两个系统的互动，最终达到对图画书意义的认识和理解。

教师们在开展图画书阅读活动时，常常会出现几个问题，比如绘本拿来就上，缺少教材分析；目标设计模糊，缺少核心经验；组织形式单一，缺少互动游戏；提问过于随意，缺少开放多元等，那么如何避免出现这些问题呢？

首先，教师们需要甄选绘本，明确目标。

作为幼儿教师，我们如何为幼儿挑选合适的图画书进行日常阅读和集体教学活动呢？首先，要选好主题，所谓主题，就是一本图画书传递出的情感、品格、行为，也可以理解成我们语文课当中的中心思想，为幼儿选择的图画书，其主题一定是易于幼儿理解的。第二，图画书的情节。情节能够决定这个故事是否好听、好玩，是否能够走进幼儿的心里，是否能够让读者产生翻页的欲望。情节通常包括事件的开始，发展，高潮和结尾。第三，也是非常核心的一点，即图画，这其中又包括细节和绘画风格两方面。一本优秀的图画书，其画面设计必须能够表现主题、情节和细节，富有艺术表现力且有丰富的细节等待幼儿去发现，并能够和幼儿已有的生活经验连接，激发幼儿的阅读兴趣，引起幼儿的共鸣。它的内涵甚至比文字讲述的更丰富。我们熟知的绘本大奖"凯迪克奖"的其中一条评价标准就是：图画是否能够巧妙地呈现此书的故事、主题或概念？图画的风格是否非常适合此书的故事、主题或概念？透过图画，是否能完整传递出书中的故事情节、角色、气氛与信息？第四，图画书中的角色。角色是支撑情节的灵魂，对于幼儿来说，在感受情节的丰富与紧张、精彩的同时，他最先感受到、关注到的通常都是故事中的角色，所以，我们为幼儿选择的图画书，一定要有一个或多个有趣的、吸引人的角色。小班的幼儿，对那些和他们很接近的小人物，虽然弱小但却有趣又有闪光点的角色很感兴趣，而中大班逐渐开始更热爱"英雄"，能够产生移情现象，情感共鸣，随着主人公的情感变化或悲或喜，丰富幼儿的情感体验。满足幼儿的想象力。第五，图画书中的语言。故事是通过语言来传递的，语言是传递故事情节的工具。不同年龄段的幼儿在听故事的时候，需求是不一样的。低年龄段的幼儿，要为他们选择图文结合，浅显易懂，重复的，适合幼儿模仿，朗朗上口的，文字尽量少，甚至可以没有。五六岁以后，就要逐渐为他们选择有逻辑，有前因后果，推理复杂一点的图画书，语言上可以多一些关联词、形容词、装饰词、修饰词，促进他们书面语言的发展。

适合开展教学的图画书应该具备核心经验明显、领域和内容包容性强、传播优秀传统文化或积极向上的中心思想的特点。

在确定一次图画书教学活动的目标前，我们先要弄明白几个问题，问题一，为什么要选择这本书开展教学活动？是因为教师或幼儿喜欢？还是因为符合本班幼儿的最近发展区？还是刚好贴合班级内的主题活动？等等。问题二，你想用哪种阅读方式开展教学活动？是先读后讨论？还是通过讨论一个话题，引出故事内容？问题三，通过这次教学活动，你最想让幼儿获得什么发展？也就是确定本节活动的目标，那么教师们要先明确，这次阅读活动是哪个层次的阅读，是初次阅读，还是深入阅读或是进阶阅读？因为每一个层次的阅读，目标的设定都是不同的。初次阅读目标的设定更多放在图画书最基本的故事情节、画面等上。深入阅读即是我们前文提到的精读，要深入理解故事隐藏的含义及延伸内容，其目标的制定主要来源于初次阅读时幼儿的疑问和兴趣点。而进阶阅读的目标则侧重于创意表达。

第二，教学组织形式灵活，设计巧妙

幼儿喜欢什么样的活动组织形式呢？当然是游戏，幼儿都喜欢"玩"，怎样才能让幼儿"玩"出创意，"玩"出能力呢？有很多图画书都是很适合教师带领幼儿一起"玩"的，我们可以举一个实例来说明。

一位教师组织了一节《拼拼凑凑的变色龙》图画书教学活动，在这本书里，作者艾瑞·卡尔用美丽的拼贴画讲述了一只变色龙的故事：它会抓苍蝇，也会变换自己身上的颜色，可是它还觉得不够好玩。直到有一天，它来到一个动物园，突然发现自己的外形也能够变得像其他动物一样。于是，它变得像熊一样大，变出了火烈鸟的翅膀，狐狸的尾巴，鹿角，还有长颈鹿的脖子……最后，它成了一个滑稽的四不像。但是，他快乐吗……这个故事充满童真，同时发人深省，让幼儿在开怀大笑的同时，也学会了解自己、肯定自己。

对这样一个生动有趣的故事，如果只是按照通常的设计方法——教师先讲一遍故事，然后通过提问和讨论的方式进行分析，最后总结，未免有些死板，那么我们可以设计一个"动物园一家人"的游戏。请10个幼儿参与，10个幼儿先坐在10把小椅子上，教师来当变色龙，按照书中动物的出场顺序：北极熊、红鹤、狐狸、金鱼、麋鹿、长颈鹿、乌龟、大象、海豹和人为10个幼儿分配角色，请幼儿们想一想自己扮演的角色有什么特征。扮演变色龙的教师说："我虽然是一个变色龙，但我非常羡慕你们身上的特征，我也想变成你们的样子，当我说到'我好想变成北极熊那样又大又白的'，就请扮演北极熊的幼儿一边表现又大又白，一边趴在我的身上。"以此类推，后面的幼儿都要随着教师说出某个动物的特征，一边表演一边趴到前一个幼儿的身上。直到10个幼儿连成一长串都跟在了变色龙的后面，但是这个时候变色龙发现，这个样子实在没办法生活，也没办法吃东西，于是她说"我还是要变回我自己！"连教师在内的11个人快速地坐回到10把小椅子上，没有抢到小椅子的幼儿在下一轮里就可以当变色龙了。

通过这样一个有趣的游戏，幼儿很快就掌握了文中提到的各种动物的特征，同时也掌握了每一页的句式，对图画书所要传达出的中心思想也能很容易理解了！当幼儿熟悉了这个游戏，还可以进一步延伸，教师可以启发式提问：xx幼儿，你认为你自己有什么特点吗？当每个幼儿都说了自己的一个特点以后，就可以模仿变色龙变小动物的游戏过程，再让变色龙变成不同特点的幼儿，最后又变成一条长长的"变色龙"，这样就将图画书中的寓意迁移到了幼儿自身上，让幼儿们理解我们每一个人都是独特的，不可替代的，这样的课堂组织形式是非常受幼儿欢迎的！

第三，聚焦经验，掌握技巧

幼儿教师在课堂活动中要学习掌握特定的互动式阅读的谈话或讨论技巧，多问一些"在哪儿发生的？""什么时候？""看见什么了？""为什么会这样？"，多使用"推理式"的语言，对书中的事件做出预测，解释书中的词汇以及一些概念，解释人物的观点或行为的动机，总结书里发生的事件，这样做的目的是为了促进幼儿的观察、联想、推理和整合能力的发展。在提问和谈话互动的过程中，不论幼儿给到我们什么样的答案，我们首先要肯定、鼓励他，倾听幼儿的想法，然后延伸和引导幼儿去思考故事所要表达的内容。

综上所述，教师在集体教学活动中要尽量少问封闭问题，多问开放问题；少问知识，多问经验；少问事实，多思考；少问教育意义，多情感共鸣；少给幼儿提问，多让幼儿自己提问！

第三节　育美文化下的主题教学活动案例

在探索育美文化与园本课程相结合的过程中，我们不断观察幼儿，了解幼儿的兴趣爱好，试图以更加贴近幼儿生活和喜好的主题活动为途径，引发幼儿主动发现、探索的学习品质，在活动中发展各项能力。目前，我园以"动物""服饰""美食"和"建筑"四大主题为核心，在各年龄段、各班级中开展生成性综合主题活动。

小班建筑主题《神奇的房子》

一、主题由来

房子与人的生活有着密切的关系，幼儿自出生后，就每天与房子打"交道"，首先进出自己家的房子，然后注意到周围的房子，再后来认识到幼儿园的房子。幼儿在成长中不断地看到、接触到各式各样的房子，渐渐地对房子有了一定的了解，对于见到的不同样式的房子，幼儿也会萌发出自己的疑问（为什么这个房子跟自己家的不一样）通过本次谈话活动，让幼儿进一步认识、了解各式各样的房子，小动物的房子是什么样子的？故设计与建筑相关的主题活动，贴近幼儿的生活，容易激发幼儿的好奇心和学习探究的欲望。

二、主题目标

基于小班年龄特点，及《指南》中五大领域目标和幼儿实际发展水平，结合房屋特点制定了以下目标：

健康领域：感受房屋的特点，乐意参加相关体育活动，增强身体素质。

语言领域：在欣赏、观察、讨论中，能讲述自己看到有关房屋的特点。

科学领域：能够细心观察生活中的不同的房子，探索不同房子的特点。

社会领域：感受不同建筑的美好，在体验中能够与大家分享北京著名的建筑，有初步的归属感。

艺术领域：愿意用绘画制作、表演等多种形式设计自己喜欢的建筑。

三、主题网络图

神奇的房子	自然界中的房子	科学	神奇的蜻蜓
			小动物的家
		社会	我知道的建筑物
			我的家真干净
		健康	跳房子
			小青蛙找家
			拆房子
		语言	三只小猪盖房子
			我爱我的家
		艺术	小音符的房子
			自然界中的房子
			彩色的家
		益智区	我为小动物找家
	房屋的发展史	语言	神奇的小房子
			朋友的家
		社会	古代的房屋
		艺术	我为房子穿衣服
			歌曲——粉刷匠
			我设计的家
			幼儿园像我家
		科学	建构房子
			造房子
			看看我的家
		数学	数学宝宝找家
		建构区	我搭建的房子

四、开展过程

根据幼儿兴趣以及幼儿年龄特点，我们创设各种各样房子的环境，比如小鸟的家是鸟窝，小羊的家是羊圈，鼹鼠和蚂蚁的家在地洞里，而小朋友的家则是用砖砌起来的，帮助幼儿直观地感受不同的房子，激发幼儿的探索兴趣。

为了幼儿更加细致了解房子，激发幼儿爱生活，乐于观察生活景物的探究兴趣以及激发幼儿联系生活，动脑思考，积极创作的情感，我们将建筑主题墙《神奇的房子》分为三个板块，分别是《房子的演变》《我见过的房子》以及《我设计的房子》进行具体学习。

主题墙《神奇的房子》

（一）房子的演变

目标：

1. 知道房子的演变过程。乐于参与讨论活动。

2. 初步了解不同材质的房子，知道不同材质房子的利弊。

3. 积极参与表演活动，体验表演的乐趣。

4. 感知故事中角色特点，学说故事中的对话。

教师提出问题"现在我们的房子是什么样的？在很久很久以前房子和现在

一样吗？"，引发幼儿思考，激发幼儿探究欲望。

张子浩说："房子一直是这样的呀！"

翟纬桥说："老师我喜欢小羊，我也想和他住一起，他的家是木头做的。"

大部分幼儿不了解房子的发展，认为房子一直都是自己见到的样子，所以我们组织了集体教学活动《房子变变变》，来了解房子的演变过程。

通过集体教学活动，幼儿了解到房子的演变过程，也了解到不同材质的房子有哪些弊端，为了幼儿巩固加深对房子的了解，我们根据幼儿年龄特点设计了集体教学活动——语言领域《三只小猪》。

根据语言活动中幼儿对三只小猪盖房子非常感兴趣，教师将材料投放到表演区，在表演区的幼儿戴着小猪的头饰，学着绘本里的样子进行了角色扮演。

根据小班幼儿好动的年龄特点，我们在此主题下还设计了集体户外活动《跳房子》，幼儿通过不同的三个层次学习双脚连续跳，通过游戏的形式，提升体能，从而提升身体素质。

（二）我见过的房子

目标：

1.初步了解不同小动物的家不一样。

2.能够运用不同的笔进行绘画家。

3.能发现生活中的数字，知道数字无处不在。

4.乐于在生活中观察不同建筑，对建筑感兴趣。

有一天我请小朋友介绍自己的家。孙翊恺来到园里对我说："老师，我家以前房子是平房，现在我家住后北营十层。"这样我们引发了第二个板块，除了小动物住的家各种各样，我们住的房子也都不太一样。说到房子，幼儿先想到的就是自己的家，我们根据幼儿兴趣组织了艺术领域歌唱活动《粉刷匠》帮助幼儿联系生活，并喜欢参加音乐活动。

细心观察"植物角"，探索特殊的"房子"。在一次观察植物角活动中，幼儿看到了小鱼，便问小鱼的家在哪？小乌龟的家又是什么样子的呢？随着主题活动的深入开展，我们又由此开展了观察活动，不仅知道小鱼的家在水里，小乌龟的家就是自己的龟壳，还激发了幼儿的同理心，对小动物有爱心，愿意照顾小动物。

（三）我设计的房子

目标：

1. 愿意参加美术活动，能够大胆表达自己的想法。

2. 能够根据自己所学，搭建自己所见到的建筑，感受搭建的乐趣。

3. 能够根据自己的经验，用完整的话表达自己的想法。

秦艺格说："我最喜欢大城堡，公主都住在那里"。王逸宸说"我也喜欢城堡，我希望城堡是粉色的。"孩子们纷纷说着自己心中房子的样子。于是我们通过美工区、建构区、阅读区的活动，让幼儿得到了实践，

在美工区里有的幼儿用画纸和水彩笔设计了好看的房子，通过填色、粘贴等方式设计自己心中的"房子"，在培养幼儿想象力的同时又锻炼了幼儿的手部肌肉。

益智区设计了对应游戏《给小动物找家》，幼儿通过自制卡片给小动物找房子。

建构区的幼儿想要用搭建的方法"盖房子"。我们投放了软积木、不织布、纸板等材料，帮助幼儿探索什么样材质搭建的房子最坚固。

指导教师点评：

本次主题活动教师能够追随幼儿的兴趣需求，开展活动，及时增加材料、创设环境，支持幼儿深入开展活动，将幼儿的多种学习方式整合在一起，融入

幼儿的一日生活中，能够从幼儿视角，倾听幼儿的疑问，发现问题、给予幼儿自由自主的探究空间和创作机会，在活动中落实教育目标。

通过本次主题活动，激发了幼儿的探究欲望，遇到困难愿意想办法解决，并激发幼儿的同理心，愿意照顾他人，为促进同伴交往奠定了基础，幼儿五大领域能力均得到提高。同时，在活动中也促进了我们家园合作，家长积极、全力配合我们的教育工作，更了解幼儿园的教育意义和教育价值，对我们更加认可和信任。

中班美食主题《好吃的粮食》

一、主题由来

在日常观察中，我们发现是家庭的不正确的养育方式导致幼儿养成了不良的饮食习惯，有的幼儿不爱吃蔬菜，有的幼儿不爱吃某一类的水果，因此，我们创设了主题活动"好吃的食物"，旨在利用生活中幼儿熟悉的、丰富的教育资源，以粮食、水果、蔬菜为情景脉络，设计了一系列活动。我们希望通过系列活动帮助幼儿了解常见食物的营养，培养幼儿均衡饮食和良好的进餐习惯。同时，随时关注、聆听、发现和追随幼儿的学习兴趣，捕捉他们在观察、品尝、分辨食物过程中发现的问题，借助这些教育契机提升幼儿关于食物的经验，积极为幼儿创设游戏化的环境，让幼儿充满兴趣、积极主动地进入主题探究。

二、主题目标

1.通过认识食物的种类和营养，学习简单的分类，增进幼儿选择健康食物的能力，知道有些食物好吃也不能多吃。

2.通过食物的品尝和分享，帮助幼儿感知不同的食物，充分体验分享和游戏的乐趣，从而产生对食物探究的兴趣。

3.教幼儿养成细心、认真的学习态度。

4.乐意大胆地把自己的想法告诉大家。

三、主题网络图

好吃的食物	米从哪里来	米从哪里来	科学活动：大米的成长过程
			社会活动：袁隆平爷爷
			语言活动：悯农
			音乐活动：稻谷丰收了
		各种各样的粮食	美术活动：我最喜欢的粮食
			健康领域：节约粮食
		各种各样的米	数学活动：我会分类
			语言活动：我们是开心的大米
			健康活动：小小一粒米
	我会用筷子	筷子的故事	语言活动：筷子的故事
			科学活动：各种各样的筷子
			社会活动：神奇的筷子
		我会用筷子	社会活动：我会用筷子
			科学活动：玩筷子
	我们在行动	光盘行动	健康活动：我光盘，我光荣
		光盘宣传活动	美工活动：宣传光盘行动
			亲子活动：提倡幼儿及家庭成员在家也能实行光盘行动
	玉米探索记	我会画玉米	美术活动：手掌玉米／丰收的玉米
			科学活动：认识玉米
			户外活动：运玉米
			健康活动：好吃的玉米
			语言活动：玉米变身记
		神奇的玉米淀粉	科学活动：非牛顿流体／面粉与淀粉
			科学区：提供水和玉米淀粉提供幼儿自主实验

四、活动过程

我们将主题墙分为了四个板块：分别为：《米从哪里来》《我会用筷子》《我们在行动》《玉米探索记》深入开展主题活动。

主题墙《好吃的食物》

（一）米从哪里来——初步了解米的由来，了解粮食的种类。

在日常进餐中我们发现，本班幼儿尤其爱吃米饭，有一天他们之间突然展开了一个话题，米饭是从哪里来的呢？是谁创造了这么好吃的米饭呢？孩子们虽然想到了这个问题，但是怎么讨论也没有结果，于是我们就开展了"米从哪里来"的系列活动。

首先我们通过科学活动"大米的生长过程"，利用图片、视频等方式让幼儿了解大米的生长过程，知道它的来之不易，同时培养幼儿珍惜粮食的习惯，知道珍惜别人的劳动成果，培养幼儿勤俭节约的良好品德。

之后我们又展开了对水稻的深入了解，引出了杂交水稻之父——袁隆平爷爷，为幼儿讲解袁隆平爷爷的生平经历，虽然袁隆平爷爷现在离开了我们，但是他的精神值得我们学习，引导幼儿讨论纪念袁隆平爷爷的方法。

在了解了大米的生长过程和袁隆平爷爷后，恰好当天中午的米饭吃的是紫米饭。孩子们吃完饭后又展开了激烈的讨论，"我觉得紫米饭最好吃。""我还吃过小米和大米一起煮的米饭呢。""我还喝过薏米粥呢。"孩子们一个个的说着自己喜欢吃的各种米，发现原来有这么多米的种类，于是我们将很多不同的米，装到透明的小盒子里让幼儿观察，发现他们很快就能认出各种各样的米。

在认识了大米以及大米的生长过程后，我们又延伸到了其他的粮食，发现幼儿在日常生活中对于红薯、谷类、豆类都有接触，但是其他生活中不常见的就不太了解，所以我们先用图片的形式展开对各种各样粮食的了解，之后通过艺术领域的美工活动对各种各样的粮食进行创作，进一步加深了幼儿对粮食的认识。

（二）玉米探索记——了解玉米的生长过程，了解它的食用价值和营养价值。

在认识各种各样的粮食时，幼儿发现了他们特别爱吃的玉米，正好秋季也是玉米的丰收季节，我们就开展了"玉米探索记"的活动，首先我们根据幼儿的已有经验来认识观察玉米，了解玉米的外形特征以及味道。之后我们就开展美工活动，利用幼儿很喜欢的泡泡膜剪成玉米的形状，然后涂上颜料，剪出苞叶，最后画上几条玉米须，漂亮又好吃的玉米就完成了。

我们还做了一个神奇的非牛顿流体科学实验——《神奇的玉米淀粉》。开拓幼儿视野的同时，又培养了幼儿对科学探究的兴趣及爱好。

（三）筷子的故事——学习使用筷子，培养手指的灵活性以及各个手指配合的协调性。

筷子是幼儿比较熟悉的一种餐具，他们每天都能看到。用筷子进食是我国的一大特点。常言道，心灵手巧。手对筷子的操作是手的精细协调动作。用筷子夹食物时，不光是 5 个手指的活动，腕、肩及肘关节也要同时参与。进入中班后，马上我们就要使用筷子了，为了让幼儿能够更快地适应用筷子，因此，我们设计了本单元活动让幼儿在游戏练习中学会使用筷子，并体验其中的乐趣。

（四）我们在行动——初步了解"光盘"行动的意义，知道"光盘"行动，人人有责。

节约是中华民族的传统美德，随着"光盘"这个词的流行，越来越多的人都纷纷投入到"光盘行动"中来。我们从小班就开展了"光盘行动"从我做起的活动。升入中班后继续通过活动，让幼儿不仅明白爱惜粮食的意义，同时也知道粮食来之不易，并用行动告诉大家，要提倡节约，拒绝浪费，使每个幼儿、家长和教师都成为"光盘达人"！

大班服饰主题《我的裁缝店》

一、主题由来

一天，班中的嘉怡小朋友穿了一件毛茸茸的外套，皓洋说："你穿的衣服好像小兔子呀！"旁边的小朋友争先恐后地说："我好喜欢呀！真可爱，我妈妈也有一件这样的衣服，但是是黑色的。我喜欢粉色，我喜欢白色……"在他们的讨论中我发现了幼儿对服饰的浓厚兴趣。又基于大班幼儿具有较丰富的感知经验，因此我班开展了《我的裁缝店》主题活动。

二、主题目标

1. 喜欢各种服饰，愿意用多种材质创作服饰。

2. 能够掌握服饰绘制剪裁的方法，并能够动手制作出自己设计的服饰。

3. 能够与同伴家人合作进行关于服装剪裁的活动。

4. 能够用图表表示简单的数量关系。

5. 知道服装买卖的方法，并能够与同伴进行服装买卖的游戏。

三、主题网络图

我的裁缝店	服装热卖场	健康领域	谁的服装卖得快
			传帽子
		语言领域	我设计的广告语
			服务员用语
		社会领域	服装交换
			服装回收
		艺术领域	我设计的名牌
			品牌设计
		角色区	卖衣服
			货币换算
			怎样支付
	课程生成——编织	谈话	我知道的编织
			编织方法
		编织工具	工具介绍
			工具的使用
		编制材料	材料介绍
			材料的选择
		颜色	色彩搭配
			互补色
		创意作品	作品展示与介绍
			我的义卖
	活动准备	前期经验：我知道的各种服饰	
		利用网络资源：收集源关于服饰和布料的相关信息	
		前期讨论：与幼儿讨论我的裁缝店的样子	
	炫彩布世界	健康领域	勇敢的小裁缝
			颜色对对碰
		语言领域	我的大调查
			哪种花布最舒适
		社会领域	我与家人的收集
			我的介绍
		艺术领域	好看的格纹
			漂亮的花纹
		科学区	神奇的颜色
			哪种吸水好
我的裁缝店	制作大比拼	健康领域	保护小手
			剪刀要注意
		语言领域	谁的剪裁好
			我的设计方法多
		社会领域	我和爸爸妈妈的分工
			我和同伴的制作
		科学领域	谁的票数多
			怎样统计
			谁来当计票员
		艺术领域	美丽的配饰
			花纹设计

四、活动过程

通过前期的讨论，与幼儿一同商讨出他们心仪裁缝店的样子，按照幼儿想象的样子创设了裁缝店的主题墙饰，前期幼儿与家长一同收集了丰富多样的布料，他们对各种材质产生了浓厚的兴趣，进而也开始了自己的创作，在创作的过程中幼儿经常会在墙面上指着作品谈论最喜欢哪个，根据幼儿的兴趣，选出了最受他们欢迎的样式，放在了服装热卖场。整个裁缝店也随之热闹起来。

主题墙：《我的裁缝店》

跟随幼儿兴趣的发展脉络，我们将《我的裁缝店》主题墙分为三个板块：《炫彩布世界》《制作大比拼》《服装热卖场》深入开展主题活动。

（一）炫彩布世界

目标：

1. 喜欢色彩缤纷的服饰，愿意与家人一同收集各种服饰。

2. 能够发现各种服饰的不同，并能用完整的语言表述自己喜欢的服饰特点。

3. 能够动手设计多种服饰上的花纹或格纹。

大四班的小朋友对裁缝店的开业充满了新奇和向往，他们与家长共同收集了各种各样的服装，以及好看的花布，并在同伴之间相互介绍自己的与众不同的材质。

为了支持幼儿表达交流自己的想法，班级开展了教育活动《哪种花布最舒适》的教育活动，幼儿自由结组，经集体讨论，大家认为可以从手感、色彩等方面进行比较，最后每组请出一个小代表，来介绍本组商量好的结果。孩子们在小组中都能充分表达自己的想法。

在活动中，他们表现出了对衣服上的各种颜色的兴趣，相互间讨论起最喜欢的颜色，并尝试在科学区调配出不同颜色，而且能够用绘画方式进行记录。

同时，幼儿对服饰上的各种花纹也非常感兴趣，在带领幼儿欣赏各种花纹特点后，我们鼓励幼儿自己动手设计喜欢的花纹，将多种花纹进行组合，设计出五彩缤纷的纹样。

（二）制作大比拼

目标：

1. 喜欢动手制作服装，体验剪裁制作服装的乐趣。

2. 知道服装设计剪裁的方法，并能够动手制作出自己设计的服装。

3. 在制作过程中能够与同伴或家人合作。

大班幼儿已经有了保护自己的意识，但是在当小裁缝的时候还是避免不了伤到手指，有的幼儿的小手会被纸张划伤，有的甚至在剪裁的时候被剪伤，一次小手受伤事件，引发了如何保护好小手的活动。我们结合大班幼儿合作意识增强的特点，引导幼儿分组进行讨论，并请小代表总结发言讨论出保护小手的方法。

当幼儿设计好名签后再贴到主题墙上时就显得整齐多了，也知道各种服装都是哪个小裁缝设计出来的了。于是他们就开始指着墙上的作品点评起谁的最漂亮，等等。基于幼儿的自发讨论，设计了关于谁的票数多的统计活动。幼儿在活动中知道了如何运用统计表进行统计，最终我们评选出了前六名幼儿，将他们的作品荣登在了服装热卖场里。

评选出票数最多的小裁缝后，我们也请小裁缝分享了自己制作的好方法，鼓励幼儿向他们学习，认真画，认真剪裁……

在开展我的裁缝店主题活动后也鼓励家长带幼儿去参观身边的裁缝店，有的幼儿参观后会介绍裁缝店里不仅有各种服装，还有很多好看的配饰，比如腰带，各种帽子，围巾，等等，于是我们便进一步开展了美丽的配饰教育活动，鼓励小裁缝们为自己的服装设计漂亮的配饰。

（三）服装热卖场

目标：

1.喜欢进行角色扮演，体验服装买卖游戏的乐趣。

2.能够用简单的图表统计出哪种服装最热卖。

3.知道买卖的方法，能够与同伴一起进行买卖游戏。

借助重阳节契机，角色区开展了知感恩懂孝敬的系列活动，班中的爱琴海服装店，开业后还没有老年人的服装，为了萌发幼儿知感恩懂孝敬的情感，在角色区投放了一些老年人的服装。有的幼儿扮演老奶奶带着自己的孙女来买衣服，还有的幼儿说重阳节快到了，想送给爷爷奶奶一些新衣服，要用自己积攒的压岁钱来买。从挑选尺码到试穿，再到服务员收费，打包，顾客扫码支付，幼儿再现了真实的生活场景。相信他们在游戏的过程中不仅体验了趣味，更加感知到了长辈为他们的付出与辛劳。

很快对于制作服装幼儿已经进入了同伴之间比拼的阶段，他们兴高采烈地将自己设计的服装展示在了主题墙上，贴满了第二个板块，墨墨小朋友突然说："你们贴得好乱呀，都不知道是谁做的了。"于是大家开始想办法，说到可以写上自己的名字，有的小朋友说他自己还不会写呢，墨墨说可以在家里让爸爸妈妈教着写。协商一致后，班中发起了家园共育活动，鼓励家长帮助幼儿学会正确书写自己的姓名。当班中所有幼儿都能够正确书写自己姓名后，开展了艺术活动《我设计的名牌》，幼儿结合之前设计花纹的经验，也在自己的名签上装饰了漂亮的花纹，自信地书写了自己的姓名。

第 四 章
育美文化下的户外游戏活动

　　户外活动有利于幼儿亲近阳光和空气，走进大自然，在奔跑和游戏中，增强幼儿抵抗力，有利于生长发育。同时，户外游戏还可以提高幼儿的社会化发展，满足幼儿通过运动来认识环境，探索环境的愿望和好奇心。在育美文化的背景下，户外活动要培养幼儿成为"健康小卫士"，锻炼幼儿身体，促进其正常发育，增强体质，提高幼儿对自然环境的适应能力。发展幼儿的基本动作，使他们动作协调、灵活、姿势正确。培养幼儿机智、勇敢、遵守纪律等优良品格和活泼开朗的性格。

第一节 户外活动与幼儿动作发展

开展户外活动能够培养幼儿积极参与户外游戏的意识和促进幼儿运动能力全面发展，增强幼儿身体素质及身体健康成长，引导幼儿乐意与同伴一起游戏，体验与同伴共同游戏的快乐，锻炼幼儿勇敢、自信、坚强等良好的个性心理品质。这是运动给幼儿带来的最基本的作用，运动还有一个最关键的作用是强健体魄，改善大脑，也就是说通过运动可以增强幼儿的"体质能"和"体智能"，在幼儿运动的过程中，智力也是在不断发展的。根据研究发现，参与运动较多的幼儿比不怎么参与运动的幼儿大脑沟壑更清晰，发育得更好。我们说，幼儿的智力是在不断发展中的，越玩越聪明。在户外运动游戏的过程中，幼儿的心情愉悦，团队精神和勇气得到了发展，能够达到身心健康发展的目的。

在《3–6岁儿童学习与发展指导》中提到，3–6岁是幼儿动作快速发展的关键期，每日上下午各一小时，上午10点和下午3点是幼儿户外活动的最佳时间，尽量安排幼儿在这个时间里进行运动。

幼儿园户外活动主要分为三个主要环节，包括集体操，如做操、律动、基本动作练习等，约10分钟；集体游戏，约15分钟，以及分散游戏。户外一小时的时间一定要保证，严格执行，不能因为其他的活动占用户外活动时间。

一、运动能力、动作发展与幼儿健康的关系

（一）为了更加有效地设计和组织幼儿户外运动，幼儿教师应首先明确几个专业概念：

1.运动能力。运动能力是指人体在运动中掌握并有效地完成专门动作的能力。这种能力主要体现在大脑皮质主导的不同肌肉的协调性方面。

2.体能。体能是人体各器官系统的机能在体育活动中表现出来的基本能力。其中主要包括：速度、灵敏、耐力和柔韧等基本身体素质，以及人体的基本活动能力。如：走、跑、跳、投掷、攀登、爬越、悬重和支撑等。

3.体质。体质是指机体有效与高效执行自身机能的能力，也是机体适应环境的一种能力。体质强的人适应力就好，也就是人们常说的身体素质好。体质与技能相关的素质包括灵敏度、平衡性、协调性、爆发力、反应时和速度。

4.活动。活动是由共同目的联合起来并完成一定社会职能的动作总和。活动由目的、动机和动作构成，具有完整的结构系统。

5.体适能。体适能是指能够精力充沛地进行日常工作且不会出现过度疲劳，同时有足够的精力享受休闲活动和应对突发事件的能力。其组成要素包括：心肺耐力、肌肉适能、柔韧性、平衡能力、速度。

具体释义如下：

组成要素	名词释义
心肺耐力	进行大肌肉群参与的、全身性的中等到较大强度运动并持续一段时间的能力
肌肉适能	完成工作所需要的肌肉力量、肌肉耐力和肌肉做功能力的总和
柔韧性	某一关节或某组关节可以达到的活动范围
平衡能力	静止或运动中保持平衡的能力
速度	快速移动身体的能力

（二）户外活动的目标

总目标：幼儿在户外区域活动中，能自由选择区域，体验自主参与体育活动的快乐，增强体质，增进身心和谐发展；促进幼儿走、跑、跳等技能的提

高，发展动作的协调性和灵活性；培养幼儿爱惜和整理物品的习惯；培养幼儿的安全意识和自我保护能力，能在运动中合作交往，培养规则和责任意识。

核心目标：培养兴趣 体验乐趣 养成习惯 增强体质。

据首都师范大学《中国儿童运动能力现状》报告分析，经过对幼儿体质测试后发现，目前我国幼儿在跳跃、跑步方面动作不协调，很多幼儿不敢走平衡木，超过42%的幼儿不会投掷。分析原因，主要还是幼儿在日常缺少有目的性的体育活动

不同年龄段对运动的要求：

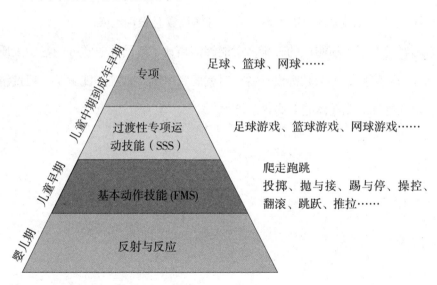

（三）六项体能测试分析

体能测试是幼儿每年都要完成的一项测试，包含以下内容：

序号	测试项目	测试目的
1	10米往返跑	反应幼儿的灵敏素质
2	立定跳远	反应幼儿下肢的爆发力
3	双脚连续跳	反应幼儿的协调性和下肢肌肉的力量
4	走平衡木	反应幼儿的平衡能力
5	网球投掷	反应幼儿的上肢力量和腰腹部的力量
6	坐位体前屈	反应幼儿躯干和下肢的柔韧性

幼儿教师要想提升幼儿的体适能，在体能测试中让幼儿的成绩有所提高，首先要对每一项测试内容进行分析，教师可以从基本动作、身体素质和关键经验与体能价值三个方面进行分析，明确每一项测试的目的和意义，比如10米往返跑，它的基本动作就是跑，而且是快跑，还要能在跑的过程中控制住身体。其第一个关键经验是速度，幼儿要在最快的时间跑回来；第二个关键经验是耐力，一去一回共20米的距离，对幼儿来说并不是很近，而且要始终保持很高的速度。第三个关键经验是灵敏，灵敏是指在复杂的条件下，对刺激做出快速、准确的反应，灵活控制身体和随机应变的能力。儿童灵敏性可以在起动、急停、躲闪或多边的环境中迅速改变身体位置时表现出来。

　　教师经过对每一项测试的分析，就能够清晰地了解幼儿应掌握的运动素质与运动能力有哪些，那么教师设计游戏时就要紧密围绕六项体能测试，通过游戏化的形式提升幼儿在体能上的各项能力。

第二节　幼儿园户外活动环境与材料

《3-6岁儿童发展纲要》中指出，环境是重要的教育资源，应通过环境的创设和利用，有效地促进幼儿的发展。

一、户外活动环境创设的原则与材料投放的要求

1. 安全性原则：这是幼儿园户外活动环境创设与材料投放最主要创设的依据，幼儿园是幼儿生活、学习的重要场所，安全问题是环境创设的重要因素。

2. 多元性原则：幼儿在玩中学，创设多元化的功能活动场所，以满足幼儿多元化发展的需求。环境让多元文化在这里交融，环境中体现文化，体现尊重。

3. 玩具投放的基本要求："一低两可三多"，"一低"即适当多投放低结构材料，如纸箱、木棍等；"两可"指可移动、可组合材料的材料或器械；"三多"指多种类、多数量、多层次的材料投放。

4. 玩具材料的选择，首先要有趣味性，表现在色彩、图案、造型等能够吸引幼儿，其次是充分利用园内的固有环境，如攀爬墙、斜坡、树木等，再有就是开发利用地域特色资源。

二、户外活动区的四大类型

目前，在幼儿园比较常见的户外活动区主要有自然区、大型器械区、基本动作区和创意游戏区四类，下面就对这四类活动区进行逐一分析。

（一）自然生态区域中的运动游戏

以草地、树林、小河、土坡、山洞等自然环境为主的户外运动游戏环境，形成自然的游戏空间。把幼儿从固定的运动区域空间解放出来，拓展游戏空间容量。同时，这样的环境也是幼儿非常喜欢的，能够激发幼儿内心最原本的天性。幼儿园不妨尽量保留一些天然的、有趣的运动环境，让幼儿体验在自然环境中活动身体的快乐。

（二）大中型固定器械运动环境

大中型器械的特点是美观和安全性高，通常包含攀爬架、滑梯、平衡木、隧道、吊桥、缆绳等运动器械，组合后集中摆设并固定在地面上。

大中型固定器械运动环境能够提高幼儿的身体素质、发展幼儿动作灵活性和平衡性。空间上的定位能够锻炼幼儿的意志品质，提高对运动的兴趣。注重个体差异，激发幼儿成就动机。提供交往机会，培养了幼儿良好的个性品质。增强幼儿的安全意识和自我保护意识。

（三）幼儿园区域环境与材料

这里主要指以幼儿基本动作发展为核心的环境，幼儿园整体规划创设的户外运动环境。根据健康教育课程的需要，遵循幼儿成长规律，以促进幼儿基本动作发展为要点。

常见的幼儿基本动作包括走、跑、跳、钻、爬、攀登、跳跃、悬垂，等等，因此这些区域的特点就是目标明确，环境、材料、器械紧紧围绕目标展开。

户外游戏区主要有走跑区、跳跃区、平衡区、钻爬区、攀登区、投掷区、球类区、玩沙区、悬垂区等。

（四）创意运动游戏区

这是一个幼儿自主参与性的游戏环境，在分散游戏时幼儿把多种材料组合摆放，并进行行进循环、角色扮演、户外搭建等游戏。创意游戏区里一定要投放的是一些可移动的、小型的材料，幼儿可以方便的移动或摆放，另外还要多投放一些低结构的材料，让幼儿能够充分发挥想象，且不再局限于教室，能在更开阔的环境下发展运动和社会交往能力。

教师提供可供幼儿自由组合结构的游戏材料，满足幼儿掌握材料的需要，幼儿就有机会自己去创造或建构，积极主动地体验，从而获得有意义的经验。幼儿可依据自己的需求来建造属于自己的角落，只要将梯子、桌子架起，便可形成游戏空间，积木、梯子、轮胎、板凳，让幼儿随心布置与游戏。

第三节　育美文化在户外活动中的实施

户外集体活动主要包括：幼儿操节活动、幼儿体育教学活动、户外集体运动游戏活动和其他形式的幼儿体育活动，如小型运动会、远足等。为了实现育美文化中培养"身心健康"小卫士的目标，我们主要通过以下方面开展户外集体活动。

一、幼儿体操活动

幼儿体操能够促进幼儿身体全面、均衡、健康发育，养成正确的身体姿势，发展力量、平衡等能力，同时还可以发展幼儿的方位知觉等，能够准确地掌握配乐和动作的节奏，养成集体做操锻炼的习惯，培养与同伴协同活动的意识。

（一）幼儿体操的主要类型有轻器械操和徒手操，开展体操活动的主要目的是：

1.促进身体全面、均衡、健康地发育，初步养成正确的身体姿势。

2.发展力量、协调、柔韧、平衡等运动素质。

3.发展方位知觉。能较准确地掌握动作和配乐的节奏

4.养成集体做操锻炼的习惯，能主动和同伴协同活动，有集体意识。

（二）体操的教学指导

1.组织体操的基本步骤

（1）欣赏教师示范动作或观看录像，激发兴趣。

（2）分节教学（教师要做镜面示范，用语言提示，动作速度和节奏放慢。

（3）日常反复练习和指导（纠正幼儿动作）。

2.幼儿体操指导中对教师的要求：教师要做到正确示范与引领，循序渐进教授，经常练习和巩固，对个别幼儿有针对性的指导，并能够及时观察幼儿，对幼儿提出鼓励和赞扬。

（三）器械操活动的组织与开展

幼儿器械操是指幼儿借助器械完成的体操活动。由于告别了单一的肢体动作，增加了器械的运用，使得器械操变得更具节奏性和趣味性，让幼儿在轻松、愉快的氛围中活动。更利于激发幼儿参与器械操活动的兴趣，促使幼儿全身各部位得到全面锻炼，从而提高幼儿的运动能力，因此器械操很受幼儿的喜欢。器械操分为轻器械操和辅助器械操两种，轻器械操指幼儿在徒手操的基础上，手持较轻的器械完成各种体操动作的形式，包括成品材料和自制材料（含废旧物品），常见的轻器械操有哑铃操、红旗操、球操、铃鼓操、圈操、棍棒操、花操、易拉罐操、筷子操，等等；辅助器械操是指借助地面器材完成的体操形式，比如椅子操、垫子操、皮筋操、轮胎操等。

器械操对幼儿的身心发展是具有重要意义的，主要表现在以下五个方面：

第一，器械操可以促进幼儿更多动作的发展，如击、摇、钻、滚、拍、跳、甩等。比如在响瓶操中，根据响瓶能发声的特点，将敲击、摇晃、抖动等动作渗透到每一节中，幼儿做操时不仅动作得到发展，兴趣也大大提升。又如幼儿做呼啦圈操时，可以根据节奏先将圈从头套下，或者围着圈走，然后两手拾起圈，扭动身体，将圈从下往上移动，最后将圈从头顶拿出。这样不仅充分发挥了圈的特点，也让动作富于变化。

第二，器械操能促进幼儿身体灵敏性、协调性、平衡性、柔韧性的发展。

3-6 岁幼儿是肢体柔韧锻炼的关键时期，肢体柔韧程度能够直接影响后续孩子对运动技能和动作的掌握情况，主要包括关节韧带的伸展性，同时还包括大脑中枢神经控制肌肉的伸展及收缩性。

第三，器械操能够锻炼幼儿身体，提高健康水平。《指南》在健康领域中提出：开展丰富多样、适合于幼儿的体育活动是增强幼儿体质、增进幼儿健康的积极手段。我们应为幼儿提供丰富多样的运动器械，鼓励幼儿积极探索、大胆尝试，使幼儿体验与同伴快乐游戏的同时，获得相应的身体素质和动作上的发展。

第四，器械操能帮助幼儿熟悉器械的性能，促进其他运动活动的有效开展。

1. 能有利于发展幼儿对身体的控制能力，有效地促进幼儿身体运动机能的发展。

2. 能为幼儿提供感知觉体验，有效地促进幼儿对空间、知觉和判断能力的发展。

3. 使幼儿动作协调，身体得到全面锻炼和发展，能培养幼儿的集体荣誉感。

第五，器械操是艺术与健康的融合，能发展幼儿的节奏感和艺术表现力。

1. 器械操中音乐与动作有密切的关系，音乐配合器械操有一种独特的动感魅力。

2. 器械操把视觉感受和听觉艺术很好地结合在一起，扩展了器械操动作的内涵。

3. 器械操的外部动作变化通过音乐内部节奏的力度（强、弱）、速度（快、慢）来体现。音乐和器械操的动作融合，衬托出艺术与健康的节奏感和艺术表现力。

科学编排器械操要遵循全面性、顺序性和适宜性的原则，既要能促进身体各部位的全面锻炼，又要遵循人体运动生理变化规律，操节动作要由小到大、由慢到快、由易到难，逐渐增加运动量。参与活动的肌肉由小到大、由少到多、由单一到复合。动作一般是从上至下、由外到里，从轻缓到剧烈，再回到轻缓，由于不同年龄段的幼儿在身心发展特点和水平上有一定差异，因此在操节的节数、拍数、速度节奏、动作幅度等方面也应有所不同。

二、集体教学活动

1. 小班

小班幼儿体力较弱，基本活动能力较差。动作不够平稳、灵敏、协调，思维活动具有形象性。喜欢模仿，对游戏中的情节、角色、动作过程容易发生兴趣。自我控制能力较差，注意力不易集中。

小班教师集体活动的内容上，要选择动作简单，情节简单，活动量较小的活动。在组织方式上多用情节和角色游戏。游戏规则要尽量简单，一般不带有限制性。

活动示例：

《我有一个大皮球》（练习四散跑）

教师带领幼儿拉圈：

"我有一个大皮球，拍一拍，跳一跳，

拍得高跳得高，拍得低跳得低，红的绿的都会跑。"

当教师说到"跑"字的时候，幼儿就四散跑开，激发幼儿参与活动的兴趣。

2. 中班

中班幼儿体力逐渐增强，动作比以前显得灵活、协调，注意力也比较集中，具有一定的自我控制能力，初步学会了与同伴友好合作，集体观念有所增强。

中班幼儿的教学活动内容可以选择情节较复杂和活动量较大的追逐游戏。在组织方式上多调动幼儿以激发兴趣，角色通常由幼儿自己来扮演。组织两人或小组的合作游戏。在要求上，游戏的规则带有一定的限制性。

活动示例：

《狡猾的狐狸在哪里》

教师悄悄指定一名幼儿扮演"狐狸"，大家一起说三遍"狡猾的狐狸在哪里"，被指定的"狐狸"喊道"我在这里！"其他幼儿赶紧四散逃开。被"狐狸"抓到的幼儿要被送到"狐狸洞"中暂时等待。

游戏目的：四散追逐跑时会躲闪；遵守游戏规则。

3. 大班

大班幼儿的基本活动能力已发展较好，动作更加灵敏、协调，具有较强的自我控制能力，有一定的责任感和集体观念，相互合作的能力有所提高。

在选择内容上应注意动作难度、活动量都要增大，并多选择合作性的游戏内容。在组织方式上多激发和调动幼儿的兴趣，增加竞赛性、挑战性强的游戏，特别是需要体力与智力相结合的，游戏的角色和情节的关系更加密切。在要求上要强调遵守规则，要有胜负结果。

活动示例：

《老狼老狼几点了》

幼儿跟在"老狼"身后，

"老狼老狼几点了？ 1点了

老狼老狼几点了？ 9点了

老狼老狼几点了？ 12点了"

当说到"12点"时，所有幼儿转身跑走。

游戏目的：遵守规则、转身向目标快跑。

综上所述，无论教师执教的是哪个年龄班，都要先了解幼儿的年龄特点和发展规律，同时从内容的选择、组织方法和要求上认真思考，设计活动。

在组织集体活动时，教师还要明确几个概念：

运动负荷：是指人在运动过程中生理和心理上所承受的负担。

运动强度：指单位时间的生理负荷量。

运动密度：指运动时间与活动总时间的比例，

作为教师，在设计游戏时，一定要充分考虑游戏中幼儿运动负荷、强度和密度是否适宜，是否符合年龄特点。当运动游戏中强度和密度不够时，会导致达不到锻炼的目的。

幼儿在游戏中是快乐的，是主动的学习者。在游戏中他们的体智能得到了提高，身体强壮了，动作协调了，形成乐群友好的人际关系，是全面发展的阳光儿童。

让我们一起努力，将幼儿园变成幼儿真正获得发展并且每天能玩得开心的地方吧！

让户外运动游戏带给幼儿更多的愉悦和自主！

让户外游戏场真正成为幼儿的游戏乐园！

第五章
优秀半日活动案例

第一节 小班半日活动案例

活动主题：有礼貌

教师：刘艳秋

一、生活环节活动

目标：

1. 能够在儿歌的提醒下，用七步洗手法正确洗手。

2. 自己能做的事情愿意自己做。

活动准备：小兔子儿歌、洗手液、七步洗手法步骤图。

指导建议：教师注意观察幼儿洗手情况，对用正确方法洗手的幼儿给予及时的评价。

指导重点：指导幼儿正确使用七步洗手法进行洗手。

二、过渡环节

1. 音乐游戏

游戏名称：兔子表情变变变

内容：听教师口令，幼儿自主选择做表情动作。

游戏玩法：幼儿变成小兔子，教师说出相应的表情，幼儿做动作。如：小兔表情变变变，开心、生气、好热、伤心……

三、区域游戏活动

1. 美工区

目标：能用搓条、团球、按压的方法用超轻黏土制作小兔子。

材料：颜色不同的超轻黏土、制作步骤图、小兔子图片、桌垫、围兜、辅助刀。

游戏玩法：引导幼儿仔细观察小兔子的特征。鼓励幼儿根据自己的想法和兔子的特征用搓条、团球、按压的方法制作形态各异的小兔子。

指导要点：

（1）鼓励幼儿将超轻黏土放在双手掌心，双手前后交替用力完成搓和团的动作。

（2）观察幼儿制作方法，引导幼儿按压时用力适当。

2. 角色区

目标：能在"用餐"前用七步洗手法洗手，意识到讲卫生的重要作用。

材料：盘子、杯子、水壶、餐桌、餐椅、水果材料、蔬菜材料、食谱、兔子角色牌等。

游戏玩法：创设小兔子做客的情境，幼儿佩戴兔子角色牌后进入角色区。幼儿自发用礼貌用语招待兔子客人，在客人进屋后、用餐前后鼓励幼儿用七步洗手法洗手，通过同伴间的介绍和提示意识到讲卫生的重要作用。

指导要点：教师可以充分利用同伴资源，鼓励幼儿提示小客人洗手，并说出讲卫生的重要作用。教师也可以以"兔子客人"的身份参与到游戏中，在用餐前后主动洗手，起到榜样示范的作用。

3.图书区

目标：理解《讲卫生的小兔子》的故事内容，感受讲卫生的重要作用。

材料：绘本故事《讲卫生的小兔子》、兔子手偶、绘本情节图片。

游戏玩法：幼儿根据兴趣自主阅读绘本故事《讲卫生的小兔子》，师幼共同讲述，通过对故事情节的提问引导幼儿理解故事内容，通过幼儿间的相互讨论和分享，感受讲卫生的重要作用。

指导要点：幼儿带着问题有目的地翻看图书，通过游戏化的语言，如"读故事书好开心呀。"引导幼儿一页一页地认真翻看。

4.益智区

目标：能用十字拼插的方式用拼插玩具拼插小兔子。

材料：拼插玩具、拼插方法图、兔子图片、教师兔子成品。

游戏玩法：幼儿根据已有经验选择自己喜欢的拼插玩具拼插兔子。教师将成品进行展示，鼓励幼儿介绍自己的作品和拼插方法。

指导要点：教师鼓励幼儿观察方法图，仔细观察小兔子的外形特征，根据自己的想法用多种拼插方法拼插小兔子。

5.表演区

目标：能模仿《讲卫生的小兔子》中的动物进行表演。

材料：故事《讲卫生的小兔子》；兔子、小熊、小猪、猴子表演服；角色头饰。

游戏玩法：幼儿自主选择自己喜欢的角色，并穿戴好相应的表演服和角色头饰，教师作为观众，在幼儿对故事内容理解的基础上，鼓励幼儿模仿故事中的小动物进行故事表演。

指导要点：教师在幼儿表演时可以作为小观众用游戏化、符合故事情节的语言促进故事情节的推进，如"小熊，你快和小兔子玩一会儿吧。"鼓励幼儿模仿相应的动物做出相应的反应，同时在结束后师幼共同讨论讲卫生的重要作用。

6.科学区：

目标：能用摸一摸、看一看的方法辨认兔子耳朵、小熊耳朵和小猫耳朵。

材料：摸箱、三种动物的耳朵、三种动物耳朵图片。

游戏玩法：教师出示三种不同动物的耳朵，引导幼儿猜想三种耳朵分别是哪些小动物的。鼓励幼儿仔细观察，幼儿进行猜想讨论得出结果。教师出示摸箱，鼓励幼儿根据动物耳朵的特征仔细摸一摸，猜一猜耳朵对应的主人，从而辨认出兔子耳朵、小熊耳朵和小猫耳朵。

指导要点：幼儿在观察时教师可以通过提问的方式引导幼儿仔细观察，在幼儿"摸一摸"时，教师通过提问耳朵的特征，如"它是圆形的吗？"帮助幼儿对应不同耳朵的特征，辨认出三种动物的耳朵。

7.建构区

目标：能用围拢、平铺、搭高的方式搭建兔子的新家。

材料：彩色积木、兔子玩偶、实心积木、空心积木、草坪、树木、搭建步骤图、兔子的家图片。

游戏玩法：幼儿探索观察小兔子的家，鼓励幼儿搭建自己心中兔子的家，并在搭建结束后放入兔子玩偶、草坪、树木等辅材进行装饰，鼓励幼儿大胆介绍自己的作品，和同伴分享。

指导要点：教师引导幼儿根据搭建方法演示图搭建兔子的家，鼓励幼儿根据自己的想象和同伴共同搭建一个建筑。

四、集体教育活动

活动名称：小班社会领域—人际交往—《有礼貌的小兔子》

活动目标：

1. 知道打招呼是一种有礼貌的行为，愿意主动与人打招呼。

2. 学会有礼貌地做小客人，掌握与人交往时常用的礼貌用语：请、您好、谢谢、再见。

3. 喜欢参与集体表演活动，感受有礼貌打招呼的乐趣。

活动准备：

物质准备：小兔子、小鸡的头饰、服装、有礼貌做客情景表演（邀请大班幼儿）。

经验准备：幼儿有礼貌打招呼的经验、幼儿有表演的经验。

活动重点：掌握与人交往时常用的礼貌用语：请、您好、谢谢、再见。

活动难点：知道在不同的情景下，使用不同礼貌用语。

活动过程：

（一）导入活动：

指导语：小朋友们大家好！今天小三班有小客人来做客，我们一起来看看它们是谁呢？

（教师引出穿着兔子服装、小鸡服装的大班小演员）

指导重点：引出有礼貌的主题活动，使幼儿感兴趣。

（二）基本活动：

1. 观看大班幼儿情景表演"做客"并回答问题。

指导语：请小朋友们认真观看接下来的表演，一会老师要根据表演内容进行提问。

这是谁的家呀？谁来做客了？它们都说了什么？做了什么？

指导重点：掌握做客时的礼貌用语，能够说出请、您好、请进等礼貌用语。

2. 第二次欣赏表演，师幼进行讨论。

指导语：我们再来看一看这个表演，请小朋友们回答问题。

小兔子是怎么敲门的？见了小鸡说了什么？

小鸡见客人来了说了什么？做了什么？

小兔子要走了，临走时对小鸡说了什么？

指导重点：学会使用做客常用语言：请、您好、谢谢、再见。

3. 创设不同场景，幼儿自选角色进行情景表演。

指导语：今天老师给小朋友们准备了好多鸡和小兔子的头饰、服装，我们一起来演一演吧！

指导重点：引导幼儿掌握在不同情景下正确使用礼貌用语。

（三）结束活动：

指导语：今天，小朋友看了一段表演，小朋友们还自己进行了表演。知道去别人家做客时要有礼貌，见面时要会说"您好"，招待客人时要说"请""谢谢"，走时要说"再见"。小朋友们在日常生活中也要做有礼貌的小朋友。

指导重点：引导幼儿回顾情景中所学的礼貌用语。

（四）延伸活动：

教师小结幼儿游戏情况，去娃娃家继续角色扮演做客，掌握礼貌用语。

五、户外活动

活动名称：小兔子采萝卜

活动目标：

1. 练习双脚连续跳和单脚跨跳的动作，发展幼儿的跳跃能力。

2. 游戏中能够在教师提醒下遵守游戏规则。

3. 在游戏中，体验帮助"小兔子"的快乐。

活动准备：萝卜道具、呼啦圈、海绵条、萝卜筐。

指导与建议：

1. 指导幼儿双脚连续跳时脚并齐。

2. 指导幼儿跨跳动作，要一脚在前一脚在后。

活动主题：不挑食

教师：谭雪

一、生活环节活动

目标：

1. 能够正确使用小勺独立进餐。

2. 听轻音乐，感受进餐的快乐。

指导重点：正确使用小勺，进餐时保持安静。

二、过渡环节

1. 音乐游戏

活动名称：**蔬菜宝宝捉迷藏**

内容：幼儿听着音乐在教室寻找蔬菜宝宝。

游戏玩法：播放《买菜》的音乐，幼儿听着音乐在教室寻找蔬菜宝宝，音乐停止后幼儿可以说说自己找到的蔬菜宝宝有哪些。

三、区域游戏活动

1. 美工区

目标：能尝试用胡萝卜、莲藕、西蓝花进行拓印，学习拓印方法。

材料：胡萝卜、莲藕、西蓝花等蔬菜（切好的）、画笔、三种颜料（绿色、橘色、黄色）、抹布、白纸、拓印步骤图。

游戏玩法：幼儿自主选择材料，尝试用不同的蔬菜进行拓印。

指导要点：观察幼儿操作情况，适时介入给予指导，关注幼儿操作中的拓印技能。

2. 表演区

目标：能随音乐做简单律动，感受与他人游戏的快乐。

材料：音乐《蔬菜舞会》、舞台、服装。

游戏玩法：幼儿能听着《蔬菜舞会》的音乐做简单的律动。

指导要点：教师参与幼儿游戏，用示范的方法做出相应动作，幼儿跟着教师一起游戏。

3. 图书区

目标：初步学习与同伴分享图书，感受与同伴一起阅读的快乐。

材料：各种各样的蔬菜图书（布书、图画书、制作的图书等）。

游戏玩法：幼儿自主选择图书进行阅读，自己看到的内容可以与同伴进行分享。

指导要点：教师创设翻看图书的环境，引导幼儿感受与同伴一起阅读的快乐。

4. 益智区

目标：会手口一致地点数 5 以内的物体并说出总数。

材料：胡萝卜、蘑菇、青椒、白菜、辣椒等蔬菜图片、菜篮子若干、1—5 的数字卡片。

游戏玩法：幼儿自主选择蔬菜卡片，幼儿看到篮子上是数字几就给篮子里放几个蔬菜图片，并数一数放了几个蔬菜。

指导要点：关注幼儿是否能手口一致地点数 5 以内的物品。

5. 角色区

目标：愿意和小朋友一起玩，能使用礼貌用语。

建议调整：愿意和小朋友一起玩角色游戏，在游戏中他人遇到问题能够主动帮助他人。

材料：角色牌、娃娃、做饭的工具以及活动场景。

游戏玩法：幼儿自主选择不同的角色进行游戏，在游戏中使用礼貌用语。

指导要点：能与同伴一起游戏，游戏中使用礼貌用语。

6. 科学区

目标：喜欢、爱护动植物，愿意饲养小动物。

材料：小乌龟、小鱼、植物。

游戏玩法：和同伴一起饲养喜欢并熟悉的小动物，定期给它们喂食并照顾它们。

指导要点：引导幼儿观察动物的特征和生长变化，激发探究兴趣。

7. 建构区

目标：能运用垒高、围拢、延长的搭建方法进行有主题的搭建菜园。

材料：软体积木、空心积木、辅助材料、搭建方法图片。

游戏玩法：教师为幼儿创设菜园搭建主题，引导幼儿可以通过自己学习到的搭建方法进行搭建，还可以创新自己的作品，突出主题。

指导要点：教师引导幼儿探索用搭高、围拢、平铺的搭建方法进行有主题的搭建。

四、集体教育活动

活动名称：小班健康领域—健康活动—《蔬菜宝宝营养多》

活动目标：

1. 认识几种常见蔬菜的名称及特征。

2. 初步了解蔬菜的营养价值，知道多吃蔬菜对身体有好处。

3. 初步养成不挑食的好习惯。

活动准备：

1. 物质准备：油菜、芹菜、胡萝卜、青椒蔬菜实物，小兔子"菜园"图片，视频《小熊生病了》，蔬菜图片若干。

2. 经验准备：知道多吃蔬菜身体好。

活动重点：认识几种常见蔬菜的名称及特征。

活动难点：初步了解蔬菜的营养价值，知道多吃蔬菜对身体有好处。

活动过程：

（一）导入部分：播放视频，引出活动

指导语：小朋友，你们猜猜视频中的谁发生了什么事情呢？它怎么了呢？让我们一起看一看吧！

指导重点：观看视频并猜猜视频中发生的事情。

指导语：谁来说说视频中的小熊怎么肚子鼓鼓的？

指导重点：引导幼儿说出小熊生病的原因。

（二）基本部分

1. 出示小兔子的"小菜园"，认识几种常见的蔬菜。

指导语：小兔子种的菜真多，让我们一起看看都有哪些蔬菜吧！

指导重点：引导幼儿说出这四种蔬菜的名称并感知蔬菜的外形及特征。

（1）油菜

指导语：我们看看油菜是什么颜色的？摸摸它的身体，你有什么感觉呢？

指导重点：引导幼儿说出油菜是绿绿的，摸上去滑滑的。

（2）芹菜

指导语：我们看看芹菜是什么颜色的？摸摸它的身体，你有什么感觉呢？

指导重点：引导幼儿说出芹菜是绿绿的，摸上去软软的。

（3）胡萝卜

指导语：我们看看它是什么形状的？摸摸它的身体，你有什么感觉呢？

指导重点：引导幼儿说出胡萝卜像闭合的雨伞，摸上去光光的。

（4）青椒

指导语：我们看看青椒是什么颜色的？闻一闻它的味道是怎样的？

指导重点：引导幼儿说出青椒是绿绿的，闻着香香的。

2. 了解蔬菜的营养价值

指导语：吃了这些蔬菜对我们身体有哪些好处呢？小兔子把这个秘密告诉了老师，老师告诉你们吧！

指导重点：引导幼儿了解不同蔬菜的营养价值。

指导语：小兔子说多吃油菜，可以补充维生素；多吃芹菜，就可以天天大便；多吃胡萝卜，小朋友的眼睛亮亮的；多吃青椒，营养更丰富，身体棒棒的。

小结：小朋友们，蔬菜有这么多的营养，我们一定要多吃蔬菜，这样身体才会棒棒的。

（三）结束部分

指导语：蔬菜有这么多的营养，咱们赶紧给小熊送点去吧。

指导重点：引导幼儿将有营养的蔬菜送给小熊。

（四）延伸部分

参观幼儿园的小菜园，引导幼儿说说幼儿园的蔬菜有哪些营养呢。

五、户外活动

游戏名称：送蔬菜宝宝回家

活动目标：

1. 能听指令四散跑并将蔬菜宝宝送回家。

2. 体验帮助蔬菜宝宝的快乐。

活动准备：蔬菜宝宝图片以及场景布置的菜园，蔬菜宝宝的家。

游戏玩法：教师创设一些丢失的蔬菜宝宝的游戏情境，幼儿自己寻找丢失的蔬菜宝宝，教师发出不同的口令，幼儿寻找蔬菜宝宝。

游戏玩法：蔬菜宝宝去草地上玩，突然天黑了，蔬菜宝宝要回家了，教师发出口令，幼儿四散跑找到蔬菜宝宝后将蔬菜宝宝送回家。

指导与建议：

（1）学习听指令四散跑。

（2）遵守游戏规则把蔬菜宝宝送回家，做个爱护大自然的好宝宝。

活动主题：有爱心

教师：吴雪

一、生活环节活动

目标：

1. 喜欢吃各种食物。

2.从食品和餐具的色泽与造型中获得美的感受。

活动准备：餐食、光盘。

指导重点：教师用积极的态度影响幼儿，对幼儿不喜欢吃的食物，教师将其分成两份，一大一小，鼓励其选择，让幼儿接受。

二、过渡环节

1.音乐律动

游戏名称：音乐串烧

内容：教师播放幼儿喜欢的音乐，幼儿根据自己的意愿，选择适宜的地点，参与音乐律动活动。

环创建议：可以充分利用表演区移动舞台车为背景、包括服饰等。

三、区域游戏活动

1.美工区

目标：运用喜欢的图形、材料制作爱心树。

材料：三角形、心型、圆形、正方形、各种材质树干若干。

游戏玩法：幼儿根据自己的意愿，选择大树和图形，为大树妈妈粘贴爱心树叶。

指导要点：教师鼓励幼儿根据自己的喜好选择图形粘贴，会使用胶棒粘贴制作。

2.角色区

目标：游戏后愿意收拾整理玩具材料，做自己能做的事，体验自尊自信。

材料：娃娃、婴儿床、婴儿车、洗澡盆、餐具、桌椅等。

游戏玩法：与幼儿共同设计玩具材料摆放位置，在玩具箱上贴上标记，便于幼儿取放，并学习简单的分类对应排序。

指导要点：发挥标记的隐性作用，提示幼儿看标记将玩具送回家。

3. 图书区

目标：用自己喜欢的方式表现出对图书内容的理解，如提问、身体动作等。

材料：各种图书、自制故事盒子等。

游戏玩法：幼儿自选和妈妈有关的图书，并能用手指偶讲故事。

指导要点：教师投放和有爱心内容相关的图书，可采取师幼阅读、幼儿自主阅读多种方式，支持幼儿用多种方式表达对图书内容的理解。

4. 益智区：

目标：会手口一致点数 5 个以内的物品。

材料：自制小猫钓鱼乐翻天玩具。

游戏玩法：幼儿玩小猫钓鱼的玩具，钓一条数一条，一共是五条小鱼。

指导要点：观察幼儿游戏操作情况，语言引导幼儿，"你来数一数，一共有几条小鱼？你是怎么数的？"

5. 表演区

目标：愿意为自己喜欢的、熟悉的歌曲进行即兴表演。

材料：服饰、化妆台、演出背景、麦克风、播放器等。

游戏玩法：幼儿根据节目单，为自己喜欢的熟悉的歌曲进行表演。

指导要点：鼓励幼儿听音乐、边唱边表演。

6. 科学区

目标：喜欢、爱护植物，愿意给植物浇水。

材料：自然角各种植物若干：多肉、君子兰、小雏菊等。

游戏玩法：用游戏的方式引导幼儿，"你喝水的时候去看看小植物需不需要喝水。"

指导要点：鼓励幼儿每天早入园观察植物的变化，引发探究兴趣。

7. 建构区

目标：尝试运用围拢、盖顶、搭高的方法为小动物搭建房子。

材料：彩色软体积木、原木色实体积木、自制房顶。

游戏玩法：引导幼儿能够根据动物的外形特征为小动物搭家。

指导要点：当幼儿需要时，以伙伴的身份与幼儿一起搭建，一同享受创造的乐趣。

四、集体教育活动

活动名称：小班语言领域—故事—《寻找快乐》

活动目标：

1. 喜欢听故事，乐意参与故事教学活动。

2. 理解故事内容，幼儿用完整的话大胆表达。

3. 知道帮助别人是一种快乐。

活动准备：

1. 物质准备：故事背景图片、故事 PPT。

2. 精神准备：幼儿有听过故事的经验。

活动重点：认真听故事，理解故事内容

活动难点：鼓励幼儿用完整的话大胆表达。

活动过程：

（一）导入部分：引出主题，提出任务

指导语：老师带来一个和气球有关的故事，小朋友们认真听，听完以后，告诉老师故事的名字叫什么？故事里都有谁？三色气球都是什么颜色的？

指导重点：教师提出问题，幼儿带着问题认真听故事。

（二）基本部分

1.教师完整讲故事，幼儿倾听。

指导语：故事的名字叫什么？故事里都有谁？三色气球都是什么颜色的？

指导重点：引导幼儿用完整的话表述。

2.教师操作教具，分段讲述并提问，帮助幼儿理解故事内容。

（1）教师操作教具讲述1-3段。

指导语：文文发生了什么事？红色球在哪里？谁帮助文文找到了红气球？

指导语：黄色气球在哪里？谁帮助文文找到了黄气球？

指导语：蓝色气球在哪里？谁帮助文文找到了蓝气球？

指导语：文文的气球找到了吗？文文什么心情？你是怎么知道的？

指导重点：了解故事发生的原因。

（2）教师操作教具讲述4-6段

指导语：谁帮文文找到了气球？找了什么颜色的气球？在哪里找到的？

指导重点：了解找气球的过程，体现帮助别人是一件快乐的事情。

3.教师播放故事PPT，再次完整讲述故事，帮助幼儿完整梳理故事内容。

指导语：让我们一起来看一看，文文的气球是怎么样找到的。

指导重点：帮助幼儿完整梳理故事内容，更好地理解故事。

（三）活动结束

指导语：小朋友们，我们要向康康、新新、明明学习，愿意帮助别人，这样才会快乐。

咱们班就有很多助人的好人好事，用你们的小眼睛去发现吧。

附：故事《三色气球》

1.妈妈送给文文一个三色气球当做文文的生日礼物。气球真漂亮，有很多种颜色：有红色、黄色和蓝色。

2. 忽然一阵风吹来，文文没有拿住气球，气球飘走了。文文着急地哭了起来。

3. 这时，晟宝阿姨连忙走过来，说："小朋友，你怎么了？为什么哭呀？"文文哭着说："妈妈送的气球找不到了……"晟宝阿姨说："别着急，我陪你去去找一找。"

4. 康康正在玩皮球，文文说："请问，你看到我的红色气球了吗？"康康拉起文文的手，走向玫瑰花丛中，他们找到了红色的气球。文文高兴极啦，十分感谢康康。

5. 文文继续往前走，新新正在吹泡泡，文文问："请问，你看到我的黄色气球了吗？"新新拉起文文的手，走向郁金香花丛中，他们找到了黄色的气球。文文高兴极啦，十分感谢新新。

6. 还差一只蓝色的气球在哪里呢？明明正在放风筝，文文说："请问，你看到我的蓝色气球了吗？"明明用手指了指天空，文文揉了揉眼睛，抬头望向天空？你们猜，蓝色的气球在哪里？

7. 文文高兴极啦！

8. 小朋友们，文文找到三色气球了吗？

（四）活动延伸

指导语：教师将故事自制图书，放入图书区供幼儿阅读。

五、户外活动

游戏名称：帮小动物回家

活动目标：乐于参与往返跑体育游戏，锻炼幼儿往返跑的动作技能。

活动准备：场地、小动物的家（贴有小猪、小狗、小鸡标记的塑料筐）、毛绒玩具：小猪、小狗、小鸡。

游戏玩法：幼儿有序排队，手拿毛绒玩具，跑着将毛绒玩具送回对应的家中再空手跑回起点。

指导与建议：

1. 创设情境，观察幼儿往返跑的动作技能。

2. 幼儿在游戏中，观察幼儿游戏状态，引导幼儿有序排队，游戏中使用礼貌用语。

活动主题：讲文明

教师：刘艳秋

一、生活环节活动

目标：

1. 能够在洗手前认真阅读洗手步骤图，在"小兔子"洗手儿歌的提醒下，用七步洗手法正确洗手。

2. 喜欢各种形式的阅读活动，通过阅读活动掌握正确洗手的方法。

活动准备：小兔子儿歌、洗手液、七步洗手法步骤挂图、图书《小兔讲卫生》。

指导建议：教师注意观察幼儿洗手情况，对用正确方法洗手的幼儿给予及时的评价，鼓励幼儿在图书区阅读故事《小兔讲卫生》。

指导重点：引导幼儿在七步洗手法前认真阅读挂图，用七步洗手法洗手。

二、过渡环节

1. 音乐游戏

游戏名称：萝卜切

内容：听教师口令，幼儿按照游戏规则做相应的动作。

游戏玩法：幼儿变成小兔子，当教师说出萝卜的时候幼儿做出好吃的动作，当教师说出其他蔬菜的时候幼儿说"切"，当教师说出炸弹的时候幼儿蹲下把手举到头顶做出保护自己的动作。

三、区域游戏活动

1. 美工区

目标：熟练掌握搓条、团球、按压的方法用超轻黏土制作小兔子，并能根据自己的想法用辅助材料装饰小兔子的家。

材料：颜色不同的超轻黏土、制作步骤图、小兔子图片、桌垫、围兜、小兔子的家半成品、皱纹纸、胶棒、彩纸。

游戏玩法：幼儿仔细观察小兔子的特征，根据自己的想法和兔子的特征用搓条、团球、按压的方法制作形态各异的小兔子。并探索用不同的辅助材料装饰小兔子的家。

指导要点：

（1）观察幼儿将超轻黏土放在双手掌心，双手前后交替用力完成搓和团的动作。

（2）鼓励幼儿大胆创作，用多种材料装饰小兔子的家。

2. 角色区

目标：能在"用餐"前用七步洗手法洗手，用礼貌用语提示客人进餐时注意饭菜搭配。

材料：盘子、杯子、水壶、餐桌、餐椅、水果材料、蔬菜材料、食谱、兔子角色牌等。

游戏玩法：创设小兔子做客的情境，幼儿佩戴兔子角色牌后进入角色区。幼儿探索用适宜的礼貌用语招待兔子客人，在客人进屋后、用餐前后用七步洗手法洗手，能主动观察"兔子客人"在进餐时选择的食物，并用礼貌用语提示"兔子客人"饭菜搭配进餐。通过同伴间的介绍和提示能够意识到讲卫生和饭菜搭配不挑食的重要作用。

指导要点：

（1）教师以"兔子客人"的身份参与到游戏中，在用餐前后主动洗手，饭菜搭配进餐，起到榜样示范的作用。

（2）在区域结束为幼儿提供分享和交流的空间，将不挑食和讲卫生延伸到日常生活中。

3.图书区

目标：能一页一页地翻阅图书《不挑食》，愿意在同伴面前大胆表演和讲述，感受不挑食对身体的重要作用。

材料：绘本故事《不挑食》、兔子手偶、绘本情节图片。

游戏玩法：幼儿能自主地一页页翻阅图书《不挑食》，同时感受图书中不挑食对身体的重要作用。出示故事情节图片帮助幼儿理解故事内容，可以和表演区进行联动，幼儿可以在表演区穿着小兔子、小狮子和小老虎的表演服进行故事表演和讲述，在这个过程中加深"不挑食有益身体健康"的感受。区域活动结束后邀请小朋友分享自己的感受。

指导要点：

（1）幼儿自主翻阅时教师注意观察，在必要时提示幼儿一页一页地认真翻阅。

（2）在幼儿自主阅读前教师抛出问题，引导幼儿带着目的进行有效的自主阅读。

（3）在区域联动时鼓励幼儿选择自己喜欢的服饰根据故事内容大胆表演，区域结束后鼓励幼儿分享交流。

4. 益智区

目标：熟练掌握十字拼插的方法制作小兔子，探索用扣接的方式制作展示台。

材料：拼插玩具、拼插方法图、兔子图片、展示台图片、教师兔子成品、展示台成品。

游戏玩法：幼儿根据已有经验选择自己喜欢的拼插玩具熟练运用十字拼插的方法拼插小兔子。自主探索用扣接的方式制作展示台。教师将成品进行展示，幼儿自主介绍自己的作品和拼插方法。

指导要点：

（1）鼓励幼儿仔细观察小兔子的外形特征，根据自己的想法用多种拼插方法拼插小兔子。

（2）幼儿在自主探索用扣接的方式制作展示台时教师及时鼓励和肯定。

（3）教师及时给予幼儿介绍和展示作品的空间和机会。

5. 表演区

目标：能根据歌词内容自主创编动作，了解不挑食对身体的重要作用，愿意在同伴面前大胆表现。

材料：歌曲《不挑食的好宝宝》、兔子、小熊、小猪、猴子表演服；角色头饰；播放器；图谱。

游戏玩法：幼儿倾听歌曲《不挑食的好宝宝》，理解歌词内容，幼儿自主探索。根据自己的喜好选择不同的角色，边唱歌边做动作。能使用生活中常见的礼貌用语邀请其他幼儿共同欣赏节目，并在小观众面前大胆表现。节目表演结束后，幼儿共同讨论，说一说不挑食对身体的重要作用有哪些。

指导要点：

（1）教师在幼儿表演时可以作为小观众文明观看表演，起到榜样示范的作用。

（2）出示图谱，帮助幼儿理解歌词含义，从而更好地创编动作。

6.科学区

目标：了解兔子、熊猫和猴子是杂食性动物，能在"科学小讲堂"中用自己的话为同伴介绍。

材料：兔子、熊猫、猴子图片、各种食物图片、视频《动物世界》、科学小讲堂。

游戏玩法：教师首先出示三种动物图片，引导幼儿仔细观察，大胆讨论。通过观看视频《动物世界》了解兔子、熊猫和猴子是杂食性动物。出示各种常见食物图片，引导幼儿说出这些小动物不挑食，从而让幼儿在日常生活中也愿意吃蔬菜、不挑食。幼儿能主动到"科学小讲堂中"用自己的话向同伴介绍兔子、熊猫和猴子是杂食性动物。

指导要点：

（1）幼儿观看视频时，教师引导幼儿观看动物吃的食物有哪些。

（2）教师创设宽松愉悦的交流环境，请幼儿自主交流，教师及时鼓励和肯定。

7.建构区

目标：能熟练运用围拢、平铺、搭高的方式搭建兔子的新家，探索盖顶、延伸的方法搭建宠物医院。

材料：彩色积木、兔子玩偶、实心积木、空心积木、草坪、树木、搭建步骤图、兔子的家和宠物医院图片。

游戏玩法：幼儿探索观察小兔子的家，动手操作搭建自己心中兔子的家，并在搭建结束后放入兔子玩偶、草坪、树木等辅材进行装饰。幼儿自己探索运用盖顶、延伸的方法在兔子的家旁边搭建宠物医院，鼓励幼儿大胆介绍自己的作品以及搭建方法。

指导要点：

（1）教师引导幼儿根据搭建方法演示图搭建兔子的家。

（2）幼儿探索盖顶、延伸等搭建方法时教师要及时给予肯定和鼓励。

四、集体教育活动

活动名称：小班社会领域—人际交往—《我会排队》

活动目标：

1. 知道排队是一种讲文明的行为，有排队的意识。

2. 学会正确排队的方法，不插队、不推搡，自觉遵守排队规则。

3. 喜欢参与集体活动，在活动中养成自觉排队的好习惯。

活动准备：

1. 经验准备：幼儿日常生活排队经验。

2. 物质准备：小兔子的手偶，小动物排队视频，花篮、帽子、背包等郊游用品。

活动重难点：

活动重点：学会排队的正确方法，养成自觉排队的好习惯。

活动难点：知道排队是一种讲文明的行为，树立排队的意识。

活动过程：

（一）导入活动：情景导入，激发幼儿活动兴趣。

指导语：“今天发了一件事，有几位小动物在排队的时候吵起来了，我们快来看看为什么呢，一起来帮助它们吧！”

指导重点：引出排队活动主题，激发幼儿参与活动的兴趣。

（二）基本部分

1. 观看小动物排队视频，回答问题

指导语："视频中都有哪几位小动物？它们在做什么呢？发生了什么事？"

指导重点：让幼儿感受故事发生的原因，意识到自觉排队的重要性。

指导语："我们用什么办法帮助小动物们解决问题呢？谁来想一想？"

指导重点：引发幼儿思考排队的正确方法。

2. 讨论正确排队的方法

指导语："你们知道怎么正确排队吗？如在有疫情的情况下我们应该怎么正确排队？"

指导重点：总结讨论排队的正确方法，不插队、不推搡、间距一米排队。

3. 联系生活实际，生活中排队的场景

指导语："在幼儿园生活中，我们什么时候需要排队呢？怎么正确排队？"

指导重点：让幼儿知道在幼儿园生活中也要排队。

4. 游戏——郊游活动

指导语："小朋友们都知道了排队的正确方法，现在我们一起来玩一个排队的小游戏。"

游戏规则：幼儿自己选择需要郊游的物品，听教师口令来排队，排好后一起跟着教师去郊游。在郊游过程中会经过商店、公园、卫生间等不同场景，让幼儿选择不同的排队方法。

指导重点：幼儿在练习排队过程中认识到正确排队的方法，加深记忆。

（三）活动结束

指导语："小朋友们都非常棒！都能够做到有秩序地排队，知道不同的场景排队的方法不同"

指导重点：培养幼儿排队意识、掌握不同地点的排队方法。

活动延伸：

教师总结幼儿排队的方法，并收集幼儿日常生活中不同场所的排队照片进行分享。

户外活动

活动名称：帮助兔妈妈

活动目标：

1. 巩固双脚连续跳的方法，练习单手持球向前投掷。

2. 游戏中能够在教师提醒下遵守游戏规则。

3. 在游戏中，体验帮助"兔妈妈"的快乐，体验对家人的感恩之情。

活动准备：萝卜道具、呼啦圈、海绵条、萝卜筐。

游戏玩法：创设帮助兔妈妈的游戏情境，幼儿分成两组，双脚连续向前跳过障碍物，到达指定位置后，单手持球向呼啦圈中投掷。投中即为喂食兔妈妈成功。

指导与建议：

（1）指导幼儿双脚连续跳时脚并齐。

（2）指导幼儿单手持球投掷时方法正确。

活动主题：讲卫生

教师：谭雪

一、生活环节活动

目标：

1. 能够用小手主动与老师、同伴打招呼。

2. 体验与老师、同伴交往的乐趣。

指导建议：在入园环节能主动伸出小手与老师、小朋友打招呼并问老师和小朋友好。

指导重点：指导幼儿能主动用礼貌用语向老师和小朋友打招呼。

二、过渡环节

1. 音乐游戏

内容：教师和幼儿一起用小手做律动游戏。

游戏玩法：教师边听音乐边用小手做动作，幼儿听着音乐模仿教师的动作一起做。

三、区域游戏活动

1. 美工区

目标：能尝试用叶子进行拓印，学习拓印方法。

材料：树叶若干、画笔、三种颜料（绿色、橘色、黄色）、抹布、白纸、拓印步骤图。

游戏玩法：大树妈妈的叶子都找不到了，它想请小朋友帮忙找出来。那我们先用叶子蘸上你喜欢的颜料放在纸上，把它放在一边晒干，一片小手树叶就做好了。

观察重点：观察幼儿拓印的方法是否正确，引导幼儿按照步骤图进行拓印。

指导要点：观察幼儿操作情况，适时介入给予指导，关注幼儿操作中拓印的技能。

2. 表演区

目标：乐意参加音乐活动，能根据歌词内容用小手做出相应动作。

材料：音乐《小手在跳舞》、舞台、服装。

游戏玩法：幼儿听着《小手在跳舞》的音乐能根据歌词的内容用小手做出相应的动作。

观察重点：教师指导幼儿能根据歌词用小手做出相应的动作。

指导要点：教师参与幼儿游戏，用示范的方法做出相应动作，幼儿跟着教师一起游戏。

3. 图书区

目标：能用小手一页一页地翻看图书。

材料：各种各样的图书（布书、图画书、制作的图书等）。

游戏玩法：幼儿能用自己的小手一页一页地翻看图书，能发现或讲述书中感兴趣的人和物。

观察重点：幼儿能否主动地选择自己喜欢的图书。

指导要点：教师创设翻看图书的情境，帮助幼儿学会一页一页翻看图书的方法。

4. 益智区

目标：按照珠子的颜色或大小进行有规律的串珠游戏。

材料：红、黄、蓝三种颜色珠子、大小不一样的珠子、五彩绳子、图例、妈妈头饰。

游戏玩法：教师为幼儿创设为妈妈串项链或手链的情境，引导幼儿一手拿着绳子的一头，另一只手拿着珠子，绳子要从珠子的眼睛串过去，可以按照规律进行设计，也可以幼儿自由创造。

观察重点：按照有规律的方法进行串珠游戏。

指导要点：引导幼儿观察串珠图例，能按照自己的想法进行有规律串珠。

5. 角色区

目标：在游戏中学习使用简单的礼貌手势，如：请进，您请坐等。

材料：角色牌、娃娃、做饭的工具以及活动场景。

游戏玩法：为幼儿创设家里来客人的情境，如：家里来人做客了，小主人给客人开门后用手势邀请客人并说您好，请进，欢迎来我家做客等。

观察重点：在活动中幼儿是否能学着用礼貌的手势进行游戏。

指导要点：教师引导幼儿学会用手势来表示欢迎客人来家做客。

6. 科学区

目标：对手影有初步的认识，能用手来玩手影游戏。

材料：投影仪、音乐。

游戏玩法：打开投影仪投射在白色的墙上，用手做一个小兔子放在投影仪下，看看墙上有谁的影子，猜猜它是谁？

观察重点：能初步了解手影的形成。

指导要点：关注幼儿手影动作的表现，用手大胆做出动物的特征。

7. 建构区

目标：能运用垒高、围拢、延长的搭建方法进行有主题的搭建。

材料：软体积木、空心积木、辅助材料。

游戏玩法：教师为幼儿设定一个搭建主题，引导幼儿可以通过自己学习到的搭建方法进行搭建，还可以创新自己的作品，突出主题。

观察重点：观察幼儿能否运用垒高、围拢、延长的方法进行搭建。

指导要点：教师引导幼儿探索用搭高、围拢、平铺的搭建方法进行有主题的搭建。

四、集体教育活动

活动名称：小班健康领域—健康活动—《香香的小手》

活动目标：

1.知道洗手的重要性。

2.能够按照"七步洗手法"进行洗手，养成良好的生活卫生习惯。

活动准备：

1.物质准备：洗手的视频、七步洗手法步骤图、洗手儿歌、图片。

2.经验准备：幼儿知道小手可以做很多事情。

活动重点：知道洗手的重要性。

活动难点：能够按照"七步洗手法"进行洗手，养成良好的卫生习惯。

活动过程：

（一）导入部分：观看图片，引出活动

指导语：小朋友们你们看这张图上有什么？小手怎么了？

指导重点：观察图片说说自己的感受。

指导语：如果我们的小手上有很多我们用眼睛看不到的细菌，吃东西的时候就会肚子疼，那么我们怎样把小手上的细菌洗干净呢？

（二）基本部分

1.了解正确洗手的方法

指导语：我们先看看洗手的视频，看看视频中的小朋友是怎样洗手的？

指导重点：观看视频，了解洗手的方法。

指导语：我们一起来试试怎样把我们的小手洗干净。

指导重点：引导幼儿边说儿歌边做洗手动作。

（1）学习洗手的七步法

指导语：刚刚老师发现小朋友在洗手的时候，有的洗手指、有的洗手腕，小手的其他部位没有洗。

指导语：我们看看怎样来正确洗手。洗手一共有七个步骤：打湿手——挤一滴洗手液——手心搓一搓——手背搓一搓——手指缝搓一搓——大拇指搓一搓——手指甲搓一搓——扣手——小手腕搓一搓——冲水——擦手。

指导重点：讲解正确洗手的方法

（2）分组进行洗手，教师指导

指导语：现在老师给每个小朋友一组洗手的图片，你来给它排排队，然后按照顺序进行洗小手。

指导重点：观察图片引导幼儿按照正确方法进行洗手。

指导语：小朋友们真棒，那么我们什么时候要洗手呢？（饭前、便前便后、手脏的时候等）

指导重点：培养幼儿爱清洁，讲卫生的好习惯。

（三）结束部分

1.游戏：洗小手

指导语：我们知道了正确洗手的方法，以后就要好好洗手。我们一起去盥洗室洗手去，看看谁的小手洗得香香的。

指导重点：教师关注幼儿洗手的正确方法。

（四）延伸部分

指导语：小朋友们，我们今天学习了正确洗手的方法，回家后我们可以当小老师教给爸爸妈妈，让他们也做个讲卫生的大朋友。

五、户外活动

游戏名称：送小动物回家

活动目标：

1. 能听指令向指定方向跑并将小动物送回家。

2. 体验参与体育游戏的快乐。

活动准备：小动物的手偶、场景布置的草地、小动物的家。

游戏玩法：教师创设一些丢失的小动物，幼儿自己寻找丢失的小动物，教师发出不同的口令向不同方向跑并模仿小动物的叫声。教师创设在外面玩的情境，带着小动物们去草地上玩，突然天黑了，小动物要回家了，教师再次发出口令，幼儿送小动物们回家，让小动物们回归森林。

指导与建议：

（1）学习听指令向指定方向跑。

（2）遵守游戏规则把小动物送回家，做个爱护大自然的好宝宝。

活动主题：知感恩

教师：吴雪

一、生活环节活动

目标：

1. 幼儿逐渐学会正确的盥洗方法。

2. 养成讲卫生勤盥洗的好习惯。

活动准备：卡通水龙头、自动泡沫洗手机、毛巾。

指导重点：创设盥洗环境和氛围。教师引导洗手的幼儿说儿歌，"我的小花就要开，香味飘出来……"师幼互动，闻一闻小手的香味，看看小手是否洗干净。

二、过渡环节

1. 操作游戏

游戏名称：汽车嘀嘀

内容：创设停车场和轨道，收集的小汽车、幼儿可以选择玩开车游戏。

环创建议：考虑幼儿游戏人数，避免拥挤，建议创设红绿灯等，蕴含交通规则。

三、区域游戏活动

1. 美工区

目标：参加各种美工活动，尝试使用多种材料和工具进行装饰。

材料：各种材质的衣服、妈妈剪影，各种成品装饰物（花朵、毛球、纽扣等）。

游戏玩法：幼儿根据自己的意愿，选择妈妈剪影和材料，装饰妈妈。

观察重点：幼儿在参与游戏的过程中，兴趣浓厚、积极专注，能够选择多种材料进行装饰，且在装饰过程中正确使用工具。

指导要点：教师鼓励幼儿根据自己的喜好自由选择多种材料装扮妈妈。

2. 角色区

目标：乐意扮演妈妈角色，有角色意识，喜欢和小朋友一起玩。

材料：娃娃、婴儿床、婴儿车、洗澡盆、餐具、桌椅等。

游戏玩法：幼儿扮演妈妈照顾宝宝，给宝宝洗澡、哄宝宝睡觉、给宝宝讲故事等。

指导要点：教师以"客人"的角色加入游戏，支持引导幼儿完成妈妈角色扮演。

3.图书区

目标：喜欢看熟悉的、和妈妈有关的图画书。

材料：和妈妈相关的图书、手偶等。

游戏玩法：幼儿自选和妈妈有关的图书，并能用手指偶讲故事。

指导要点：教师投放和妈妈相关的各种图书，师幼共同阅读，引导幼儿能用手指偶讲故事。

4.益智区：

目标：能够按照 ABAB 的规律（颜色、大小、形状）进行排序穿项链。

材料：规律排序图、珠子若干、线若干。

游戏玩法：创设给表演区的妈妈送项链情境任务，幼儿看图，按照图例串珠子，引导幼儿发现并说出排序的规律。

指导要点：观察幼儿看图操作情况，操作后提问，"你是按照什么规律串的珠子，请你来指一个说一个"。

5.表演区

目标：在歌唱表演活动中，大胆表演，体现和同伴共同游戏的快乐。

材料：服饰、化妆台、演出背景、麦克风、播放器等。

游戏玩法：幼儿表演唱和妈妈有关的歌曲。

指导要点：活动前鼓励幼儿装扮自己，教师扮演观众，幼儿轮流在舞台上表演唱和妈妈有关的歌曲。

6.科学区

目标：通过自己的观察，交流对蚕的发现。

材料：观察盒、蚕籽、桑叶。

指导要点：鼓励引导幼儿每天到自然角观察蚕宝宝的变化并记录下来。

7.建构区

目标：喜欢参与搭建公主城堡游戏，能用搭高、盖顶等方法搭建。

材料：彩色软体积木、原木色实体积木、自制房顶。

游戏玩法：幼儿自选建构区进行搭建游戏，和幼儿确立搭建主题"公主的城堡"，妈妈是家里的公主，我们要为公主妈妈搭建一个城堡。

指导要点：发挥环境的作用，提供搭建图和搭建方法，师幼共同游戏搭建。

四、集体教育活动

活动名称：小班艺术领域—美术活动—《小动物找妈妈》

活动目标：

1.愿意参与手型彩绘活动，乐在其中。

2.尝试根据动物特征变换手型，彩绘变换成动物的方法。

3.能将自己的作品展示给妈妈，激发幼儿爱妈妈的情感。

活动准备：

1.物质准备：认识各种动物、了解动物的外形特点、认识颜色、有涂色的经验。

2.物质准备：森林背景板1张、场景PPT、桌子三张、6色颜料3组、颜料盘18个、海绵戳18个、毛笔若干、湿毛巾每人一块、罩衣每人一件、轻音乐。

活动重点：掌握用海绵戳彩绘的方法。

活动难点：尝试根据动物特征变换手型，彩绘变换成动物的方法。

活动过程：

（一）导入部分：设置情境，调动幼儿参与积极性。

指导语：小朋友们你们好！欢迎来到我的魔法森林，魔法森林里的小动物很爱自己的妈妈，它们在森林里和妈妈一起做游戏，让我们一起来看一看都有谁吧！

指导重点：引导幼儿在观看故事表演时欣赏手型彩绘。

（二）基本部分

1. 教师在背景后面完整讲述故事，分角色演示手绘。

指导语：魔法森林的小动物们很爱自己的妈妈，这天，小动物们的妈妈都不见了，它们都在着急地寻找自己的妈妈。小白兔说："山羊伯伯，您看到我的妈妈了吗？"小斑马说："河马阿姨，您看到我的妈妈了吗？"小孔雀说："长颈鹿叔叔，您看到我的妈妈了吗？"正在这时，它们碰到了海宝老师，海宝老师说："你们不要着急，我请小二班的小朋友帮大家一起找妈妈，他们会变魔法，可以把你们的妈妈变出来。"

指导重点：引导幼儿认真听故事，创设情境，引出任务。

2. 教师展示手部彩绘，师幼互动，引导幼儿模仿教师手型。

指导语：小朋友们故事表演结束了，现在故事里的动物妈妈都来啦！你们知道我是怎么变的吗？

指导重点：引导幼儿说出变化方法，比如先做出动物手型，再用颜色画满手背，点上眼睛等。

小结：原来我是用颜料给我的手背涂色，然后再点上眼睛变的。

指导语：你们想不想变出小动物呀，那请你们跟着我一起说魔法口诀吧。

（小手动一动，颜料涂一涂，画笔点一点，动物变变变）

指导重点：引导幼儿跟随教师说出魔法口诀，再次感知操作的步骤。

3.教师播放音乐，请幼儿分组进行绘画探索。

指导语：小朋友们，魔法口诀你们已经学会了，让我们一起边说魔法口诀边变出它们的妈妈吧！当音乐结束时，请小朋友们回到座位上分享。

指导重点：引导幼儿利用口诀方法，尝试在手上进行创作。

指导语：哇！小魔法师们可真棒，变出了这么多小动物，谁想来分享你变的是什么小动物？你用了什么方法？什么颜色？

指导重点：引导几名幼儿一同根据动物特点及绘画方法进行介绍。

4.教师更换场景，引导小朋友变出其他动物。

指导语：我们在魔法森林里玩得真开心，魔法森林的小动物们可感谢你们帮它们找到妈妈了。

海底世界里也有很多小动物，请小朋友们闭上眼睛数3个数，和我一起去看一看吧！

指导重点：更换场景，增加难度，激发幼儿再创作。

指导语：欢迎小朋友们来到我的海底世界，海底的小动物们正在和自己的妈妈玩捉迷藏的游戏，在这里使用魔法口诀也可以变出小动物，在使用魔法前请你用魔法手帕把小手清理干净，小魔法师们，快去试一试吧！

指导重点：引导幼儿擦拭干净后再次进行手上创作。

指导语：海底世界真热闹，让我来看一看都有谁，把它们请上来吧！

指导重点：引导幼儿介绍自己创作的小动物。

（三）活动结束

指导语：小动物们非常感谢小二班小朋友，帮他们找到妈妈，让我对你们说声谢谢。

（四）活动延伸

指导语：母亲节就要到了，妈妈平时照顾我们很辛苦，希望你们把这个彩绘的本领带回家后也变给自己的妈妈看，让爸爸帮忙用手机录下来，到时候我们评一评，看看哪位小朋友的作品最棒，让妈妈最开心。

五、户外活动

游戏名称：《袋鼠跳跳跳》

活动目标：乐于参与袋鼠跳跳跳体育游戏，锻炼幼儿双脚连续跳动作技能，发展腿部力量。

活动准备：袋鼠贴画、沙包、塑料筐、呼啦圈、场地。

游戏玩法：幼儿身上贴有袋鼠贴画，扮成小袋鼠，手里拿包，双脚向前跳，像袋鼠一样，将沙包送到塑料筐中。

指导与建议：

1. 创设情境，观察幼儿双脚连续向前跳的动作。

2. 观察后，用儿歌形式对双脚连续跳的幼儿进行指导，如：上身直立的，小手前后摆，小脚在一起，123，小腿用力蹬，向前跳不停

第二节　中班半日活动案例

活动主题：乐表达
教师：何洪

一、生活环节活动

目标：

1. 能够在口渴时喝水，知道喝白开水的好处。

2. 愿意做值日生，能够提示同伴多喝水。

活动准备：值日生墙饰、饮水墙饰。

指导建议：通过幼儿讨论、教师总结，帮助幼儿了解白开水对身体的好处，能主动喝水。

关注值日生服务同伴的情况，及时表扬能够帮助同伴的值日生。

指导重点：关注幼儿喝水情况，表扬主动喝水的幼儿和能够提示同伴喝水的值日生。

二、过渡环节

1. 音乐律动

游戏名称：找朋友

内容：教师播放音乐，幼儿可以自主随音乐与同伴进行律动。

环创建议：创设适合幼儿游戏的区域、利用大屏表演区材料及乐器创设律动氛围。

三、区域游戏活动

1.美工区

目标：

1.能用绘画、线描、剪纸的方式制作爱祖国画报。

2.愿意将自己的作品进行分享，感受创作的乐趣。

材料：画笔、画纸（彩纸）、剪刀、轮廓图。

游戏玩法：幼儿自选画纸、轮廓图，用绘画或者剪纸、线描画的方式制作爱祖国作品。

创作后主动将自己的作品进行展示分享。

观察重点：关注幼儿用自己喜欢的方式创作爱祖国画报，表扬主动分享作品的幼儿。

指导要点：鼓励幼儿用自己喜欢的绘画方式进行创作，将自己的作品与同伴进行交流分享。

2.角色区

目标：能够选择自己喜欢的场景与同伴拍照。

材料：相机、服装、道具等。

游戏玩法：幼儿与同伴协商分配角色，小客人可以邀请同伴进行一起选择喜欢的场景进行拍照。

观察重点：观察幼儿是否能够邀请自己的好朋友选择喜欢的场景进行拍照

留念。

指导要点：指导幼儿能够与同伴协商分配角色，友好地进行游戏。

3. 图书区

目标：能够把听过的有关爱祖国的故事或看过的图书讲给同伴听。

材料：图书、红色故事书（我的祖国）。

游戏玩法：幼儿自选图书或与同伴共同阅读图书，阅读后将自己看过的图书讲给同伴听。

观察重点：关注幼儿阅读图书情况，并鼓励幼儿将自己看过的书讲给同伴听。

指导要点：鼓励幼儿与同伴分享我的祖国绘本故事。

4. 益智区

目标：

1. 能够有目的地拼插自己喜欢的作品。

2. 愿意将自己的作品进行交流分享。

材料：益智聪明棒、参考图。

游戏玩法：幼儿自选材料，自己设定拼插主题。游戏后愿意将自己的作品与同伴进行分享。

观察重点：观察幼儿能否有目的地进行拼插，并将作品与同伴进行分享交流。

指导要点：引导幼儿提前设定自己要拼插的作品，通过观察参考图大胆尝试拼插自己喜欢的作品，并愿意和同伴分享。

5. 表演区

目标：能与同伴用自然的、音量适中的声音演唱《祖国祖国我们爱你》。

材料：音乐、服装、乐器。

游戏玩法：幼儿与同伴共同商量用自然的声音，演唱《祖国祖国我们爱你》。

观察重点：幼儿与同伴歌唱时，观察幼儿是否能用自然的声音演唱歌曲。

指导要点：鼓励幼儿与同伴大胆演唱歌曲，用适宜的声音演唱歌曲，不喊唱歌曲。

6. 科学区

目标：了解镜子成像的特性，敢于表达自己探究的想法。

材料：镜子、花（半面）、人偶玩具、记录表。

游戏玩法：幼儿摆弄镜子观察自己、观察同伴，幼儿用一面镜子将半面图片竖立在镜子中观察镜子变出另一半的现象。

幼儿与同伴用两面镜子对齐直角摆放，在镜子夹角处放人偶形象，观察镜子中成像。

观察重点：鼓励幼儿与同伴大胆探索，将自己的探索结果分享给同伴。

指导要点：鼓励幼儿与同伴共同探索镜子成像特性。

7. 建构区

目标：

1. 能够综合运用围拢，对称、盖顶等技能有目的地搭建建筑。

2. 愿意向同伴介绍自己的搭建成果。

材料：基础积木、异形积木、花草等辅助材料。

游戏玩法：幼儿与同伴设定主题运用围拢、对称、盖顶等技能共同搭建建筑。

观察重点：观察幼儿与同伴共同搭建建筑，是否愿意将自己的搭建成果分享给同伴。

指导要点：关注幼儿与同伴共同运用围拢、对称等技能搭建停车场，根据幼儿搭建情况适时给予指导。

四、集体教育活动

活动名称：中班语言领域—谈话活动—《我的好朋友》

活动目标：

1. 能认真倾听同伴讲话，围绕"我的好朋友"话题进行谈话。

2. 会用较完整的语句谈论好朋友的特征及愿意和他做好朋友的原因。

3. 喜欢谈话活动，愿意表达自己的想法。

活动准备：

1. 物质准备：好朋友视频、音乐《找朋友》。

1. 经验准备：有谈话经验、知道自己的好朋友是谁。

活动重点：认真倾听同伴讲话，围绕"我的好朋友"话题进行谈话。

活动难点：会用较完整的语句谈论好朋友的特征，及愿意找他做好朋友的原因。

活动过程：

（一）导入活动：引出"好朋友"谈话主题，激发幼儿兴趣。

指导语：我们每个人都有好朋友，你们有好朋友吗？

指导重点：了解幼儿是否都有好朋友。

（二）基本活动

1. 教师介绍自己的好朋友，幼儿认真倾听了解介绍好朋友的方法。

指导语：老师把自己的好朋友请上来，你们看他是谁？穿什么样的衣服？有什么样的特征？

指导语：你的好朋友是什么样的？谁来尝试分享？

指导重点：鼓励幼儿认真听，积极与老师进行互动交流。

2.请幼儿"围绕好朋友"的话题谈话，用较完整的话介绍自己的好朋友特征。

指导语：你的好朋友是谁？他长得什么样？你为什么要和他当好朋友？可以和同伴介绍自己的好朋友。

指导重点：提示幼儿用较完整的话讲述自己的好朋友。

指导语：你的好朋友都有哪些优点？你为什么和他当好朋友？谁来说一说？

指导重点：倾听幼儿表达，适时给予提示、补充或让幼儿重复说一遍提升幼儿表达能力。

（三）结束活动

1.教师进行总结，增强幼儿自信心，并喜欢谈话活动。

指导语：今天我们通过围绕"我的好朋友"进行谈话，小朋友们都向大家介绍了自己的好朋友，并将好朋友的特点和为什么要和他成为好朋友的理由用较完成的话进行了表达，非常棒！

指导重点：总结幼儿"围绕好朋友"进行谈话的情况，并鼓励幼儿乐于表达自己想法的行为。

（四）延伸活动

1.结合美工区，鼓励幼儿为自己的好朋友制作礼物或用画笔绘画自己的好朋友。

五、户外活动

活动名称：你追我躲

活动目标：

1.能协调控制自己的身体与同伴玩追逐、躲闪跑游戏。

2.知道不碰撞同伴，有自我保护意识。

活动准备：锥桶、自制尾巴。

游戏玩法：在规定的场地内，幼儿充分活动关节部位，教师引导幼儿说一说在躲闪跑中应注意的安全问题。

幼儿互相帮助好朋友安上小尾巴，听到口令开始游戏，幼儿互相躲闪捉同伴的尾巴，捉住同伴尾巴的幼儿获得胜利。

指导与建议：

1.观察幼儿在躲闪跑中的情况，请幼儿总结不被同伴捉到尾巴的方法，鼓励同伴间互相学习。

2.游戏前与幼儿了解运动安全知识，游戏中关注幼儿游戏情况，适时给予指导。

活动主题：勤锻炼

教师：刘方圆

一、生活环节活动

目标：

1.能够与同伴协商收拾整理玩具物品，保持环境整洁。

2.乐意为班集体服务，体验与同伴做值日的乐趣。

活动准备：玩具柜及各类玩具或图书区图书、建筑区积木等。

指导建议：对能够与同伴协商整理物品的幼儿及时给予肯定，树立榜样作用。

指导重点：师幼可共同讨论协商制订值日计划，鼓励幼儿大胆表达整理物品的好方法。

二、过渡环节

1. 天气预报

活动名称：《小小天气播报员》

内容：能够与同伴协商进行当天天气播报。

环创建议：创设天气预报角，具备天气符号、穿衣指数、播报员、温馨提示等。

三、区域游戏活动

1. 美工区

目标：能够运用多种材料制作小羊并向同伴展示作品。

材料：小羊轮廓图、毛线、水彩笔、绒球、彩纸、皱纹纸、彩泥、吸管、废旧材料、参考图书。

游戏玩法：幼儿可以选择小羊轮廓图的半成品，也可以自己动手画小羊，或者制作立体小羊。选择自己喜欢的材料装饰小羊，可选择相关装饰图书参考。展示自己的作品。

观察重点：观察幼儿操作是否遇到困难，需要教师介入。观察幼儿能否坚持完成一件作品。观察幼儿在展示作品时能否大胆说出对美术作品的想法。

指导要点：

（1）引导幼儿采用多种材料表现创意。

（2）尊重幼儿制作的意愿，鼓励幼儿大胆说出对美术作品的想法，教师要用支持和鼓励性的语言评价幼儿作品。

2. 图书区

目标：能用手指偶大致说出《快乐的小羊》绘本故事情节。

材料：《快乐的小羊》绘本故事，小鸡、小羊、小猫、小牛、小马手偶。

游戏玩法：观察故事情节，幼儿可以自由选择手偶佩戴，根据故事内容大胆讲述。

观察重点：观察幼儿能否运用手偶进行讲述。讲述故事时是否能够说出故事的情节。

指导要点：

（1）鼓励幼儿仔细观察绘本故事画面，说出故事大致情节。

（2）鼓励幼儿大胆用手偶讲述故事，不在意对与错，都给予幼儿肯定。

3. 表演区

目标：能够根据绘本《快乐的小羊》的故事情节，分角色进行大胆的表演。

材料：小黑羊、小白羊、小马、小鸡、小狗、奶牛、小猫的头饰若干、《快乐的小羊》绘本故事主要情节的图片。

游戏玩法：根据绘本故事《快乐的小羊》里的角色，在表演前进行角色分工，佩戴头饰。幼儿观察图片画面内容进行表演。

观察重点：观察幼儿能否进行角色分工，协商解决问题。观察幼儿在表扬时能否自信、大胆地表演。

指导要点：

（1）当幼儿出现纷争时，教师要在尊重幼儿协商解决问题的基础上适时指导。

（2）鼓励幼儿运用语言、动作、表情等多种方式进行表演，教师要给予幼儿肯定，激发幼儿表演的自信。

4. 科学区

目标：能够与同伴共同探讨制作可以发声的玩具。

152

材料：废旧纸盒、纸杯、皮筋、塑料纸、瓶盖、各种豆子、小纸球、小绒球等工具材料，投放制作步骤图。

游戏玩法：幼儿把各种小豆子等材料放到纸盒或者纸杯中制作会发声的玩具。

观察重点：观察幼儿在游戏时能否通过协商解决问题，是否需要教师介入。

指导要点：教师适时介入游戏，鼓励幼儿通过协商解决问题，完成制作。

5.建构区

目标：具有初步的沟通合作意识，运用垒高、架空等技能为小羊建造新家。

材料：各种积木、玩具小羊或幼儿自制小羊、自制小树、花草等。

游戏玩法：幼儿制订计划、分工搭建小羊的家，运用辅助材料进行装饰。

观察重点：观察幼儿搭建中遇到困难，怎么样协商解决。观察幼儿运用搭建技能，使用辅材装饰小羊的家。

指导要点：

（1）鼓励幼儿与同伴交流自己的想法，共同搭建小羊的家。

（2）引导幼儿正确运用搭建技能，使用辅材合理的装饰小羊的家。

四、集体教育活动

活动名称：中班健康领域—体育活动—《小羊保卫战》

活动目标：

1.能够运用投掷动作进行游戏，发展手臂力量。

2.能够掌握正确的投掷动作要领。

3.乐于参与投掷游戏，体验游戏的乐趣。

活动准备：

4.物质准备：游戏音乐、沙包若干、玩具筐4个、标志绳子3根、羊妈妈头饰1个、羊宝宝头饰若干、大灰狼图片若干。

5.经验准备：幼儿有过投掷游戏的经验。

活动重点：掌握正确的投掷动作要领。

活动难点：能够用正确的投掷动作将沙包向前投掷4米远。

活动过程：

（一）导入活动

指导语：小羊宝宝们，今天天气真好！和妈妈一起去森林里游戏吧！

重点指导：鼓励幼儿模仿教师动作做热身运动。

（二）基本活动

1.创设游戏情景境，激发幼儿练习投掷动作。

指导语：森林里有许多的大灰狼，谁能说一说用石头怎么保护自己？请你试一试。

指导语：小羊们，我们一起来试一试这个好方法。

指导重点：鼓励幼儿大胆猜想并进行尝试投掷的动作。

2.第一次游戏，尝试验证幼儿的经验进行游戏。

指导语：小羊们，大灰狼来了，我们用这个好办法来赶跑大灰狼吧！

指导重点：教师巡回指导幼儿投掷动作。

指导语：小羊们，虽然大灰狼被我们赶跑了，但是怎样才能打得准、打得远呢？谁能来试一试？

请幼儿演示后，教师随幼儿的回答演示投掷的正确方法，再次进行动作练习。

指导重点：引导幼儿学习投掷更准、更远的动做要领。一只脚在前、一只脚在后，右手拿球举起放在肩上，转身扭腰用力朝大灰狼投去。

3.第二次游戏，将距离调整至 4 米远。巩固投掷动作的要领。

指导语：小羊们，我们用新本领赶跑大灰狼吧！

指导重点：引导幼儿掌握投掷更准、更远的动做要领。

（三）结束活动

指导语：小羊们，大灰狼都被赶跑了，我们一起听音乐放松一下吧！

指导重点：引导幼儿听舒缓的音乐做放松动作，慢慢走回教室。

（四）延伸活动

户外集体游戏时创设多种情境，使幼儿主动参与游戏并提升投掷能力。

五、户外活动

活动名称：给小动物送食物

活动目标：

1.能够运用正确的投掷动作进行游戏。

2.喜欢投掷游戏，并乐于关爱小动物。

活动准备：画有各种小动物大嘴巴的图片、贴有各种小动物食物的报纸球，标志线。

游戏玩法：教师创设游戏情境，激发幼儿关爱小动物，给小动物送温暖的兴趣。请幼儿自由分组，以接龙形式轮流给小动物喂食，每个幼儿都游戏后，哪组投掷得最多即获胜。

指导与建议：

1.创设游戏情境，激发幼儿帮助小动物喂食物的愿望。

2.鼓励幼儿根据已有经验说一说、做一做投掷动作，教师总结示范投掷动作。

活动主题：爱祖国

教师：杨旭

一、生活环节活动

目标：

1. 能够在入园时随教师进行晨练。

2. 喜欢参与晨练活动，知道锻炼身体的好处。

活动准备：运动音乐

指导建议：

（1）教师在入园环节中精神面貌饱满、亲切开心地与幼儿打招呼为幼儿营造积极愉悦的氛围。

（2）教师示范标准动作，激发幼儿锻炼身体的积极性。

（3）通过入园环节欣赏中国风的儿歌、武术动作等，逐渐接触中华传统文化、了解中国传统文化的元素激发幼儿爱祖国的情感、建立幼儿自信的民族精神。

指导重点：教师注意自身精神面貌、言行举止，重点营造积极、愉悦的氛围，引导幼儿愉快、主动地参与锻炼身体的活动。

二、过渡环节

听说游戏《开火车》

内容：幼儿可以自发组队玩《开火车》的听说游戏，问答接力，"我的火车就要开。往哪开？谁来开？"通过听说游戏帮助幼儿加深对国家各地的了解和印象，激发幼儿的爱国情感。

环创建议：制作我国各地城市地标、风景、名胜古迹的路引辅助幼儿游戏。

三、区域游戏活动

1. 美工区

目标：能够用绘画、剪纸、折纸等方式制作国庆装饰，美化班级环境。

材料：白纸、水彩笔、彩纸、红纸、剪刀、胶棒、毛球、丝带、纸盒，剪纸、折纸步骤图册。

游戏玩法：幼儿选择自己喜欢的材料和艺术形式绘画、制作国庆的节日装饰。

观察重点：幼儿在折纸剪贴中对剪纸、折纸技能的掌握及对工具的使用。

指导要点：

（1）幼儿感受国庆的欢乐庆祝的氛围，激发幼儿绘画制作国庆节装饰的兴趣。

（2）观察幼儿在制作过程中的方法。

（3）提供丰富的参考材料和操作材料支持幼儿绘画、剪贴、折纸的创作。

2. 角色区

目标：

（1）了解自己角色游戏的职责。

（2）在游戏中能够根据角色职责提供正确的服务，互相帮助、礼貌交流。

材料：导游旗、旅游大巴、北京景点风景墙饰、成员挂牌。

游戏玩法：幼儿分别饰演导游、游客、司机等开展北京之旅，导游可向游客介绍北京的景点故事、特色小吃等旅行文化，游客可以与导游、司机交流互动。

观察重点：观察幼儿在活动中是否明确游戏职责、对角色服务的掌握和职业语言的使用。

指导要点：

（1）教师可与幼儿共同制作角色攻略手册帮助幼儿了解角色职责，提供丰富的材料支持帮助幼儿丰富旅行经验。

（2）在日常户外游戏中教师可以利用导游、去旅行等游戏活动帮助幼儿丰富游戏经验。

3. 图书区

目标：

（1）喜欢听故事、看图书，并能够逐页翻书认真看书。

（2）愿意与同伴谈论中国的美食、美景、美丽的故事。

材料：关于中国美食、美景、美好故事的图书。

游戏玩法：幼儿在图书区认真观看图书，可以和同伴分享自己看到的、了解到的中国美食、美景、觉得有意思的故事。

观察重点：幼儿对图文的探索是否专注及对内容的理解。

指导要点：引导幼儿一页一页地翻书，认真观察图书中呈现的信息，鼓励幼儿大胆描述自己的发现或自己觉得有意思的事情分享给其他人。

4. 益智区

目标：通过观察了解事物的基本形状特征后大胆想象进行拼插创作。

材料：拼插玩具、有关国庆节装饰的图册如：花坛、大楼、街道、天安门广场、旗杆等。

游戏玩法：幼儿自由选择材料，发挥想象力、创造力参考图册拼插富有中国文化的事物帮助装饰国庆节环境。

观察重点：幼儿在观察图片中的花坛时能否感知花坛的形状特征。

指导要点：

（1）提供图册帮助幼儿丰富认知经验，引导幼儿认真观察事物外形的基本特征后大胆操作尝试拼插。

（2）引导幼儿感受国庆节的氛围，激发幼儿想要拼插有关国庆装饰景象、事物的愿望。

5. 表演区

目标：

（1）能随着音乐自由地表演。

（2）感受为祖国妈妈庆祝生日的快乐。

材料：生日蛋糕模型、蜡烛、录音机、表演服饰、舞台、麦克风。

游戏玩法：幼儿选择自己喜欢的方式为祖国妈妈表演节目庆祝生日。

观察重点：幼儿对庆生活动的感知和在表演时对律动技巧的掌握。

指导要点：教师共同游戏和幼儿一起创编舞蹈动作或提供幼儿喜欢的舞蹈动作图片为幼儿表演提供经验。

6. 科学区

目标：了解指南针的作用，学会制作简易的指南针，初步感知简单的磁场现象。

材料：铁丝、吸铁石、纸片、记号笔、装半碗水的容器、手机自带指南针软件。

游戏玩法：幼儿通过观察制作步骤图、操作工具制作简易的指南针。

观察重点：幼儿在探索过程中是否能够积极动手、认真观察。

指导要点：引导幼儿认真观察步骤图，鼓励幼儿大胆尝试探究磁场现象。

7. 建构区

目标：能够运用搭高、围拢、平铺等建构技巧为祖国妈妈搭建生日蛋糕。

材料：各种生日蛋糕图片、搭建技巧示意图、辅助材料如：丝带、蜡烛、彩色装饰物。

游戏玩法：幼儿通过观察图片中生日蛋糕的形状特征、探索构建技巧搭建自己喜欢的生日蛋糕形象。

观察重点：幼儿对蛋糕形状的感知、对搭建技巧的应用。

指导要点：鼓励幼儿尝试用多种建构技巧搭建自己喜欢的蛋糕。

四、集体教育活动

活动名称：艺术领域—手工制作活动—《送给祖国妈妈的生日礼物》

活动目标：

1.知道十月一是国庆节，初步了解国庆节的来历。

2.能用多种方式制作生日礼物，提高动手操作能力。

3.知道自己是中国人，激发幼儿热爱祖国的情感。

活动准备：

1.物质准备：国庆节的视频、剪刀、胶棒、各种彩纸、水彩笔、彩泥、半成品材料。

2.经验准备：

活动重点：知道十月一日是国庆节，初步了解国庆节的来历。

活动难点：能用自己喜欢的方式表达对祖国的热爱，提高幼儿动手操作能力。

活动过程：

（一）导入部分：播放视频，观看视频并猜测，激发幼儿兴趣。

指导语：我们每个人都会生日，祖国妈妈也要过生日，她是怎么过生日的呢？我们一起来看看吧！

指导重点：观看视频让幼儿知道十月一是祖国妈妈的生日，激发幼儿为祖国妈妈庆生的兴趣。

小结：十月一日是祖国妈妈的生日，大家用自己的方式表达对祖国妈妈的祝福。

（二）基本部分：

1.教师讲述国庆节来历，帮助幼儿了解国庆节是新中国的生日。

指导语：小朋友们，你们知道祖国妈妈的生日是怎么来的吗？为什么定在十月一这一天？

指导重点：引导幼儿根据已有经验说出国庆节的来历，教师进行总结提升。

指导语：祖国妈妈要过生日，你们想送给祖国妈妈什么礼物呢？

指导重点：激发幼儿制作手工的兴趣表达对祖国妈妈的爱。

2.动手操作，用自己喜欢的方式为祖国妈妈制作生日礼物。

指导语：老师给小朋友准备了很多材料，请你选择自己喜欢的材料为祖国妈妈制作礼物。

指导重点：关注幼儿制作过程及需求，教师适时介入指导。

3.介绍作品。

指导语：小朋友们都为祖国妈妈制作了礼物，请小朋友们说一说你制作的是什么礼物？

指导重点：引导幼儿大胆表达自己的想法。

（三）结束部分：

1.幼儿将作品装饰在幼儿园，营造国庆节的氛围，激发幼儿爱国情感。

指导语：我们将制作的作品装饰在幼儿园中，我们在幼儿园为祖国妈妈庆祝生日。

指导重点：营造国庆节的氛围，激发幼儿爱国情感。

（四）延伸部分

利用周六周日让爸爸妈妈带着幼儿去天安门广场，观看升旗仪式，感受国庆节的氛围，表达对祖国妈妈的爱，为自己是中国人感到自豪。

五、户外活动

游戏名称：我为祖国妈妈添砖加瓦

活动目标：

1.敢于挑战设置障碍物的游戏，能以手脚并用的方式钻爬并助跑跨一定高度的物体。

2.通过跨越障碍、一起动手为祖国妈妈堆砌城墙满足幼儿爱祖国的愿望。

活动准备：砖块玩具若干、钻圈玩具4个、跨栏玩具8个。

游戏玩法：幼儿分为两组进行游戏，先手脚并用爬并钻过两个障碍物，再跨跳四个障碍物后用塑料砖堆砌城墙。

指导与建议：

（1）活动前讲清规则、向幼儿示范玩法并提示手脚并用爬和跨跳的技巧。

（2）教师在幼儿活动过程中观察幼儿表现，保护幼儿安全，可根据幼儿能力适当增减障碍物或改变运动形式增加游戏趣味性。

活动主题：勤动手

教师：何洪

一、生活环节活动

目标：

1. 能够在如厕后，将自己的衣服整理好。

2. 愿意做值日生为他人服务，有责任感。

活动准备：值日生墙饰

指导建议：通过儿歌、示范、幼儿模仿等方式引导幼儿如厕后整理衣服，及时表扬有服务他人意识的值日生。

指导重点：及时关注幼儿整理衣服的情况，引导值日生知道具体的职责任务、有服务他人的意识，并及时给予表扬。

二、过渡环节

1. 天气预报

内容：值日生能够根据当天的天气情况进行播报，有为他人服务的意识。

环创建议：创设天气预报墙饰，值日生将当天天气情况进行播报，并将适宜穿的衣服等提示记录在表上。

三、区域游戏活动

1. 美工区

目标：

（1）能用绘画、捏泥等多种方式表现自己喜欢的小汽车。

（2）愿意将自己的作品进行分享，感受创作的乐趣。

材料：画笔、画纸、黏土、小汽车轮廓图。

游戏玩法：幼儿根据自己的兴趣选取用绘画或者超轻黏土创造自己喜欢的小汽车。并在创作后将自己的作品进行展示分享。

观察重点：关注幼儿用自己喜欢的方式装饰创作小汽车，幼儿有需求时及时给予指导。

指导要点：鼓励幼儿用自己喜欢的绘画方式进行创作，将自己的作品与同伴进行交流分享。

2. 角色区

目标：明确游戏角色与同伴围绕照相主题进行游戏。

材料：相机、服装、道具等材料。

游戏玩法：幼儿与同伴自选角色，进行角色分工开展拍照游戏。

观察重点：观察幼儿与同伴游戏的状态，是否能够与同伴友好地进行游戏，适时给予指导。

指导要点：指导幼儿能够与同伴协商分配角色，友好地进行游戏。

3. 图书区

目标：尝试把听过的故事或看过的图书讲给同伴听。

材料：图书

游戏玩法：幼儿自选图书，也可以与同伴共同阅读，阅读中或阅读后分享自己所看书的内容。

观察重点：关注幼儿阅读图书与同伴分享故事，并鼓励幼儿大胆地进行表达。

指导要点：鼓励幼儿与同伴分享自己阅读的图书。

4. 益智区

目标：根据自己的想法拼摆小车，在动手操作中获得成功的喜悦。

材料：汽车拼图、参考图。

游戏玩法：幼儿自选材料，通过看图拼摆小车。游戏后愿意将自己的作品进行分享。

观察重点：观察幼儿能否通过看图、动手拼摆小车。

指导要点：引导幼儿通过观察参考图大胆尝试拼摆小车。

5. 表演区

目标：能够跟随小司机音乐节奏大胆创编舞蹈动作。

材料：音乐、服装、乐器。

游戏玩法：幼儿与同伴自选音乐，跟随小司机音乐创编动作进行唱跳律动。

观察重点：幼儿与同伴唱跳时，观察幼儿是否能随音乐节奏创编舞蹈动作，进行歌唱表演。

指导要点：鼓励幼儿与同伴创编小司机舞蹈动作，随音乐节奏进行律动。

6. 科学区

目标：感知磁铁同极相斥，异极相吸的特点。

材料：磁力小车、记录表。

游戏玩法：幼儿通过动手操作实验，了解小车 S/N 极磁铁的特性，并将发现记录在观察记录表中。

观察重点：观察幼儿通过动手操作探索发现磁铁的特性。

指导要点：鼓励幼儿动手操作，在游戏中发现磁铁的特性。

7. 建构区

目标：能够与同伴运用围拢、对称、架空的方式有目的地搭建停车场。

材料：基础积木、汽车模型、交通标志等辅助材料。

游戏玩法：幼儿与同伴协商分工运用围拢、对称、盖顶等技能共同搭建停车场。

观察重点：观察幼儿与同伴共同搭建建筑，是否能运用搭建技能进行搭建游戏。

指导要点：关注幼儿与同伴共同运用围拢、对称等技能搭建停车场，根据幼儿搭建情况适时给予指导。

四、集体教育活动

活动名称：中班艺术领域—美术活动—《车轮滚滚》

活动目标：

1.通过滚画的方法，探索点、线条不同花纹的表现形式。

2.运用点、线条、图形组合进行大胆创作。

3.愿意大胆想象，体验车轮滚画的乐趣。

活动准备：

1.物质准备：颜料、各种小汽车玩具、黑色大卡纸、擦手布、音乐。

2.经验准备：会用笔画各种线条、图形。

活动重点：通过滚画的方法，探索点线不同花纹的表现形式。

活动难点：运用点、线条、图形等组合进行大胆创作。

活动过程：

（一）导入活动

1.引出汽车主题，激发幼儿参与活动的兴趣。

指导语：今天老师给小朋友们请来了一位好朋友，你们看是谁来了？

指导重点：教师通过小汽车，调动幼儿参与活动的积极性。

（二）基本活动

1.探索发现滚画的方法，引发幼儿对线条及车轮花纹的关注。

指导语：请你猜一猜，如果用车轮沾上颜料在画纸上绘画会出现什么样的画面？

指导重点：鼓励幼儿结合绘画经验大胆表达自己想法。

指导语：谁想试一试？原来用一种可以滚动起来的东西，沾上喜欢的颜料，在图画纸上自由地滚来滚去，留下花纹的方法就是滚画。

指导重点：鼓励幼儿试一试车轮滚动会画出什么样的线条或纹样，掌握滚画的方法。

2.教师鼓励幼儿选择自己喜欢的颜色以及车轮纹样，大胆尝试滚画出不同的线条纹样或图形。

指导语：你们见过什么样的线条？想用车轮滚出什么样的线条、图形、想组合成什么样的画面可以和同伴说一说。

指导重点：引导幼儿大胆表达自己想用哪些线条或图形组合创造自己喜欢的画面。

指导语：老师为你们准备不同颜色的颜料，请小司机们开着小汽车去试一试，画出不同的线条或图形组合成漂亮的画面。

指导重点：鼓励幼儿根据自己所想大胆地进行绘画。

（三）结束部分

1.请幼儿互相欣赏作品，感受丰富的线条及图形、纹样组合的创意画面。

指导语：小朋友们可以互相说一说，你的小汽车画出了什么样的线条，及图形组合起来像什么？

指导重点：引导幼儿通过互相欣赏，感受丰富线条纹样、图形等不同滚画的效果。

（四）活动延伸

1.鼓励幼儿发挥想象探索尝试用更多的材料进行滚画，表现自己的艺术创想。

五、户外活动：

活动名称：好玩的轮胎

活动目标：

1.能够平稳地控制轮胎方向，并向指定路线滚动轮胎。

2.体验运用身体滚动的乐趣。

活动准备：轮胎、锥桶、垫子。

游戏玩法：幼儿分四组，听教师口令手扶轮胎从起点进行滚动轮胎至终点。

幼儿分两组，轮流躺在垫子上，尝试运用身体在垫子上从起点滚动到终点。

指导与建议：

1.观察幼儿滚轮胎情况，鼓励幼儿向同伴学习，探索发现手扶轮胎可以平稳地向指定位置进行滚动。

2.鼓励幼儿大胆尝试控制身体滚动的方法，通过教师示范、同伴学习向指定方向滚动。

活动主题：知保护

教师：刘方圆

一、生活环节活动

目标：

1. 能够不偏食、不浪费食物，饭菜搭配吃。

2. 知道不浪费粮食，有节约粮食的意识。

活动准备：光盘行动的生活墙饰，可以累积光盘次数。

指导建议：师幼共同讨论不挑食对身体的好处。通过故事、儿歌、图片等使幼儿知道粮食得来不易，要懂得珍惜。

指导重点：教师及时发现能够进行光盘行动的幼儿，及时地给予肯定。

二、过渡环节

精彩两分钟：

活动名称：珍惜粮食小能手

内容：能够与同伴分享珍惜粮食的小妙招。

环创建议：与光盘行动墙饰结合，幼儿可以将自己的好方法画下来进行展示。

三、区域游戏活动

1. 美工区

目标：能够用多种材料设计制作牙刷商店需要的招牌、牙刷、牙膏等。

建议：能够用多种材料设计制作牙刷商店需要的招牌、牙刷、牙膏并向同伴进行介绍。

材料：吸管、彩纸、纸盒、毛线、毛根、冰棍杆、彩笔、剪刀、胶棒、双面胶、各种牙刷牙膏的图片。

游戏玩法：幼儿结合原有经验自主选择材料以自己喜欢的方式设计制作牙刷商店需要的招牌、牙刷、牙膏等。

观察重点：观察幼儿能否尝试运用多种材料进行制作。

指导要点：引导幼儿发现事物的特征，并用自己喜欢的材料及方式进行制作。

2. 图书区

目标：能够比较完整、连贯地和同伴讲述绘本故事《蛀牙王子》。

材料：绘本故事《蛀牙王子》、故事音频及播放设备。

游戏玩法：观察图书画面，也可以听一听音频熟悉故事，和同伴大胆地讲述故事。

观察重点：观察幼儿在与同伴讲述故事时是否完整、连贯。

指导要点：教师可以请幼儿听一听音频、仔细观察画面，鼓励幼儿完整、连贯地讲述故事。

3. 表演区

目标：能够根据绘本《蛀牙王子》的故事情节，模仿人物的语言、表情及动作进行大胆的表演。

材料：人物头饰、医生服装、绘本《蛀牙王子》主要情节图片。

游戏玩法：幼儿根据故事情节，模仿人物的特点大胆地探索表演。

观察重点：观察幼儿能否抓住人物的语言、表情及动作特点进行表演。

指导要点：教师引导幼儿模仿人物的语言、表情及动作特点大胆地探索表演。

4. 益智区

目标：能够观察出珠子的排列规律，并按照规律进行排序操作。

材料：不同颜色大小的珠子、画有不同规律的题卡（如：AABBAABB\ABBABB\AABAAB\ABCBCD 等）

游戏玩法：幼儿自主选择喜欢的题卡观察规律，根据观察的规律进行排序操作。

观察重点：观察幼儿能否观察出题卡的规律。

指导要点：指导幼儿在操作时，要根据发现的规律进行排序。

5. 建构区

目标：能够与同伴协商搭建牙刷商店，相互交流个人的经验，丰富牙刷商店的搭建。

材料：各种积木、牙刷商店的招牌。

游戏玩法：幼儿结合已有生活经验交流搭建方法，大胆地探索搭建牙刷商店。

观察重点：观察幼儿能否在搭建过程中与同伴交流自己的想法，丰富搭建的建筑。

指导要点：教师适当引导幼儿表达自己的想法与同伴协商进行搭建。

四、集体教育活动

活动名称：中班健康领域—卫生习惯—《小小牙齿》

活动目标：

1. 了解产生蛀牙的原因及危害，知道保护牙齿的方法。

2. 掌握正确的刷牙方法。

3. 养成餐后漱口、每天早晚刷牙的好习惯。

活动准备：

1.物质准备：绘本《蛀牙王子》PPT、画纸若干、画笔若干、幼儿个人的牙刷、牙杯和牙膏。

2.经验准备：幼儿有过刷牙的经验。

活动重点：通过活动懂得保护牙齿的方法。

活动难点：能够用正确的方法刷牙。

活动过程：

（一）导入活动

教师讲述谜语，请幼儿大胆猜测，引出主题——牙齿。

指导语：请小朋友认真听谜语，猜一猜它是谁？小小身子白又硬，吃饭时候准用它。小小年纪有洁癖，早上晚上把澡洗。

重点指导：鼓励幼儿大胆猜想，表述清晰猜想的理由。

（二）基本活动

1.听故事《蛀牙王子》，发现蛀牙形成的原因及危害。

指导语：请小朋友听故事，听一听王子的牙齿怎么了？为什么会有蛀牙？

指导语：王子有了蛀牙之后他怎么样了？如果没有牙齿会怎么样？

指导重点：鼓励幼儿根据故事内容大胆表达，知道产生蛀牙的原因及危害。

2.小组讨论，了解保护牙齿的方法。

指导语：请每组的小朋友帮蛀牙王子想一想保护牙齿的方法，可以画下来和小朋友分享。

指导重点：引导幼儿结合已有经验讨论，师幼共同总结只有少吃甜食、餐后漱口、每天早晚刷牙才能保护牙齿。

3.学习儿歌及刷牙步骤，掌握正确刷牙的方法。

（1）请配课教师演示错误的刷牙方法。

指导语：请小朋友看一看这样刷牙对吗？为什么？怎样刷牙才正确呢？

指导重点：鼓励幼儿说出正确的刷牙方法，师幼共同梳理正确刷牙的方法。

（2）出示牙齿模具和牙刷，请幼儿边说儿歌边演示刷牙方法。

指导语：小小牙刷手中拿，牙膏也来帮帮忙。上刷刷、下刷刷，左刷刷、右刷刷，里刷刷、外刷刷，白白牙齿真健康！

这是小朋友说的刷牙的方法，老师用儿歌说了出来，谁能一边说儿歌，一边刷牙呢？

教师与全体幼儿再次边说儿歌边演示刷牙的动作。

指导重点：通过边说儿歌边演示刷牙动作，帮助幼儿掌握正确的刷牙方法。

（三）结束活动

幼儿分组运用新经验刷牙，巩固正确的刷牙方法。

指导语：我们拿着小牙刷到盥洗室试一试，看一看谁的刷牙方法最正确。

指导重点：教师根据幼儿的刷牙情况给予肯定，幼儿通过亲身体验巩固正确的刷牙方法。

（四）延伸活动

可以请幼儿将刷牙儿歌画出来，投放到语言区，供幼儿巩固练习。

可以和幼儿共同制定漱口、刷牙的打卡表格，共同监督保护牙齿。

附：刷牙儿歌

小小牙刷手中拿，牙膏也来帮帮忙。

上刷刷、下刷刷，左刷刷、右刷刷，

里刷刷、外刷刷，白白牙齿真健康！

四、户外活动

活动名称：帮助小羊运粮食

活动目标：

1. 能够快速折返跑 10 米，帮助小羊运粮食。

2. 在折返跑游戏体验帮助小羊的乐趣。

活动准备：万能工匠搭建的投掷架并粘有若干小软球；玩具筐 4 个、起跑线一条。

游戏玩法：教师创设游戏情境，马上要到下雨了，小羊还有许多粮食没有运回家，激发幼儿帮助小羊运粮食的情感。请幼儿自由分组，以接龙形式轮流快速跑到指定位置把粮食运回小羊家。

指导与建议：

1. 创设游戏情境，激发幼儿帮助小羊运粮食参与游戏的愿望。

2. 鼓励幼儿说一说、做一做可以快速运粮食的方法，师幼共同总结好方法再次游戏。

活动主题：乐交往

教师：杨旭

一、生活环节活动

目标：

1. 初步了解身体特征、保健常识及保护方法。

2. 有自我保护意识，能在与同伴的交往过程中保护自己和同伴。

活动准备：身体部位图、保护身体方法图片、锻炼身体图片。

指导建议：和幼儿一起观看照片并思考讨论，这些行为有什么危险？我们应该怎么锻炼身体？我们如何保护自己的身体呢？

指导重点：引导幼儿观看图片了解身体的部位并知道锻炼身体对自己有好处。

二、过渡环节

1. 精彩两分钟

游戏名称：我的精彩时刻

内容：幼儿可以在过渡环节与小朋友交流分享自己的精彩时刻，内容可以是自己学到了哪些新本领，在家做了哪些事情，当时发生了什么，等等。教师与家长配合抓住教育契机，通过这种形式引导幼儿学习和分享自己生活的技能以及自我保护知识。

环创建议：收集幼儿生活照制作"我的精彩时刻"墙饰，家园配合有计划有目的地定期更换幼儿生活照。

三、区域游戏活动

1. 美工区

目标：能够用剪窗花、折纸等方式制作装饰美化班级环境。

材料：彩纸、红纸、剪刀、胶棒、毛球、丝带、纸盒，剪纸、折纸步骤图册。

游戏玩法：幼儿选择自己喜欢的材料和艺术形式装饰、美化班级环境。

观察重点：重点观察幼儿对折纸技能的掌握和工具的使用方法。

指导要点：

（1）引导幼儿感受装饰班级的乐趣，激发幼儿手工制作美化班级的兴趣。

（2）引导幼儿探索班级的哪些物品、区域需要装饰美化，鼓励幼儿根据需要大胆想象创作。

（3）提供丰富的参考材料和操作材料支持幼儿剪贴、折纸的创作。

2. 角色区

目标：

（1）了解角色的职责，能按自己的想法进行游戏。

（2）在游戏中愿意接受同伴的意见和建议。

材料：导游旗、小话筒、旅游大巴模型、北京景点风景墙饰、导游挂牌。

游戏玩法：幼儿分别饰演导游、游客、司机等开展北京之旅，导游可向游客介绍北京的景点故事、特色小吃等旅行文化，游客可以与导游、司机交流互动。

观察重点：重点观察幼儿在游戏中的交流技巧和交往表现。

指导要点：

（1）教师可与幼儿共同制作角色攻略手册帮助幼儿了解角色职责，提供丰富的材料支持帮助幼儿丰富旅行经验。

（2）在日常户外游戏中教师可以利用导游、去旅行等游戏活动帮助幼儿丰富游戏经验。

（3）鼓励幼儿在游戏中大胆发表自己的想法建议，尊重同伴认真倾听。

3. 图书区

目标：

（1）能够反复地看自己喜欢的图书。

（2）愿意把自己看到的中国的美食、美景、美丽的故事讲给别人听。

材料：关于中国美食、美景、美好故事的图书。

游戏玩法：幼儿在图书区认真观看图书，可以和其他小朋友分享自己看到的、了解到的中国美食、美景、觉得有意思的故事。

观察重点：重点观察幼儿在阅读中是否关注图片中的内容，愿意与同伴交流分享。

指导要点：

（1）教师适时提出新的问题引导幼儿再次翻阅图书进行新的探索。

（2）鼓励幼儿大胆描述自己的新发现或自己觉得有意思的事情分享给其他人。

4. 益智区

目标：

（1）通过观察了解事物的基本形状特征后大胆想象进行拼插创作。

（2）愿意与同伴交流自己的拼插技巧和想法，互相学习。

材料：拼插玩具、有关国庆节装饰的图册如：花坛、大楼、街道、天安门广场、旗杆等。

游戏玩法：幼儿自由选择材料，发挥想象力、创造力参考图册拼插富有中国文化的事物，帮助装饰国庆节环境。

观察重点：观察幼儿是否掌握物体的典型特征、在拼插过程中互相交流讨论拼插技巧。

指导要点：

（1）提供图册帮助幼儿丰富认知经验，引导幼儿认真观察事物外形的基本特征后大胆操作尝试拼插。

（2）鼓励幼儿与同伴说一说自己拼插的技巧、想法，引导幼儿互相交流后尝试拼插新的作品。

（3）在区域评价中引导幼儿说一说自己创作的方法和想法，教师总结帮助幼儿提升经验。

5. 表演区

目标：

（1）能用拍手、踏脚等身体动作或可敲击的乐器敲打节拍和基本节奏。

（2）能用自然的音量适中的声音基本准确地唱歌。

材料：生日蛋糕模型、蜡烛、录音机、表演服饰、舞台、麦克风。

游戏玩法：幼儿选择自己喜欢的方式庆祝生日。

观察重点：幼儿在击打乐器时对节奏的把握、演唱过程中能否控制自己的声音。

指导要点：

（1）投放节奏明快、简单，强弱明显的儿歌曲目，引导幼儿用手、踏脚或敲击乐器打节奏表演。

（2）引导观众为幼儿营造轻松、愉快的氛围鼓励幼儿大胆演唱，在演唱过程中自然大方并注意保护自己的嗓子。

6.科学区

目标：

（1）通过自己动手实验，获取有关磁铁的直接经验，体验探索成功的快乐。

（2）了解磁铁能透过纸板、木板、塑料板来吸引铁或铁制品的现象。

材料：吸铁石、铁片、积木块、硬卡纸、薄木板、塑料板。

游戏玩法：幼儿动手探索吸铁石隔着三种材质的板子能不能把铁片、积木块吸起来。教师可视情况为幼儿提供大小不同的吸铁石、铁制品或厚度不同的板子增加实验的乐趣。

观察重点：观察幼儿在探索过程中是否逻辑清晰地体验感受磁吸现象。

指导要点：引导幼儿尝试不同的隔板或不同材质探索磁铁现象。

7.建构区

目标：

（1）能够在观察和感知的基础上，运用搭高、围拢、平铺等建构技巧搭建小巢鼠的家。

（2）体会规则在搭建活动中的意义，形成初步的规则意识。

材料：家的图片和平面布局图、搭建技巧示意图、辅助材料如：食物、树木、花丛等。

游戏玩法：幼儿通过观察图片中家的结构、探索构建技巧为小巢鼠搭建家园。

观察重点：幼儿对家的结构、造型的掌握，在搭建过程中对搭建技巧的应用。

指导要点：

（1）引导幼儿在判断和感知家的结构特征的基础上，鼓励幼儿尝试用多种建构技巧搭建小巢鼠的家。

（2）引导幼儿回忆自己的家都有哪些房间是做什么的？里面有哪些东西？鼓励幼儿尝试搭建。

（3）教师和幼儿一起归纳总结游戏中容易出现的问题，制定游戏规则，在游戏中遵守体验规则在游戏中的重要性。

四、集体教育活动

活动名称：中班语言领域—绘本阅读活动—《月亮到底是谁的？》

活动目标：

1. 仔细观察画面，能够根据线索大胆推测故事情节的发展。

2. 理解故事内容，并根据连续画面提供的信息大致说出故事的情节。

3. 懂得好东西要大家一起分享会更快乐。

活动准备：

1.物质准备：两个小朋友争抢的录音、《月亮是谁的》绘本 PPT、翻绳若干。

2.经验准备：幼儿有翻绳的经验及阅读经验，知道听故事时要认真。

活动重点：仔细观察画面，能够根据线索大胆推测故事情节的发展。

活动难点：理解故事内容，并根据连续画面提供的信息大致说出故事的情节。

活动过程：

（一）导入活动

1.播放录音，引起幼儿好奇心，激发幼儿参与活动的兴趣。

指导语：咦？什么声音？我们一起去看看发生了什么？。

（二）基本活动

1.教师和幼儿一起逐幅读图，引导幼儿猜想并表述画面内容。

（1）引导幼儿观察图片 1 和 2。

指导语：小老鼠在做什么？你觉得小老鼠看月亮时是什么心情？为什么？后来发生了什么？

（2）引导幼儿观察图片 3。

指导语：月亮不见了，小老鼠是怎样的心情？它去做什么了？

（3）引导幼儿观察图片 4、5 和 6。

指导语：小老鼠在找月亮时都遇到了谁？它们找到月亮了吗？当它们在哪里都找不到月亮时发生了什么？你从哪里看出来的？

（4）引导幼儿观察图片 7、8、9 和 10。

指导语：它们争吵时发生了什么？暴风雨来的时候它们是怎样做的？它们找到月亮了吗？找到月亮后它们是怎么做的？

2.教师配合 PPT 讲述故事，引导幼儿认真倾听完整体会故事情节。

指导语：故事里都有哪些小动物？它们之间发生了那些事情？

指导重点：通过提问引导幼儿回忆故事的主要人物和情节内容。

指导语：小动物们当时为什么要生气、吵架？月亮去哪了？那月亮到底是谁的？

指导重点：教师根据幼儿回答的话语回顾总结故事的内容，帮助幼儿理解，点出中心思想，朋友之间交往要懂得分享。

（三）结束活动

1.播放故事图片，幼儿借助故事图片讲故事。

指导语：这个故事这么有意思，大家想不想学会了讲给家人听呢？下面请小朋友们跟着图片一起讲一讲这个故事。

（四）延伸活动

幼儿将故事讲给家人听再次感受交往中分享的快乐，锻炼语言表达能力。

五、户外活动

活动名称：小老鼠上灯台

活动目标：

1.能与他人玩追逐、躲闪跑的游戏。

2.能够大胆地说出游戏的儿歌、积极参与户外活动。

活动准备：平整安全的操场、操场上有比较大的圆形图案、灯台道具、老猫头饰。

游戏玩法：幼儿边念儿歌边模仿小老鼠从圆圈的家出来向老猫身后的灯台走去偷油，在念到儿歌叽里咕噜、叽里咕噜跑回去时，幼儿跑回圆圈的家里视为安全，老猫不可以抓，没有在圆圈里的小老鼠，老猫就可以去抓它。

指导与建议：

1. 活动前为幼儿讲解示范游戏规则，强调安全注意事项，如在跑的时候注意观察其他小朋友的位置，适当减速、躲避，不要撞到；或在抓的时候轻轻地抓小朋友的背部的衣服等。

2. 鼓励幼儿大胆用合适的声音说儿歌进行游戏。

第三节 大班半日活动案例

活动主题：做家务
教师：景洪

一、生活环节活动

目标：

1. 在用水时，能够节约用水。

2. 乐于探索节约用水的方法。

活动准备：环创布置"创新小达人角"，以"节约一滴水！加油呀！"为主题创设创新角。

指导建议：可以在生活环节、家园合作活动中收集节约用水的资料和小妙招，可与科学区相结合进行创意制作。

指导重点：鼓励幼儿大胆发现并探究节约用水的方法。

二、过渡环节

1. 精彩两分钟：

游戏名称：家务窍门听我说

内容：幼儿根据自己家里做家务的小窍门进行分享。

环创建议：开辟班内主题角"家务窍门大集合"，将每日展示幼儿的介绍、展示时间、展示内容、精彩照片以及"家务窍门小达人"的投票评选等过程性资料展示在主题角上。

三、区域游戏活动

1. 美工区

目标：能够根据运用自己喜欢的美术工具和材料，大胆合作创意"我来帮您做家务"的作品。

材料：各种废旧材料（冰棍杆、纸盒、纸杯、纸盘、纸箱、泡沫板等）、自然物（树叶、花瓣、树枝、松果、圆木片等）、各种不同材质的笔、颜料、彩泥、图画纸、手工纸、剪刀、各种不同的粘贴工具、空收纳筐等。

游戏玩法：幼儿自选喜欢的材料，以"我来帮您做家务"为主题，按照同伴合作的设计平面或立体场景作品稿制作。

观察重点：观察幼儿是否能够合作创意作品。

指导要点：

（1）制作前，引导幼儿间协商、合作设计"我来帮您做家务"主题下的场景结构布局及内容的手绘稿。

（2）引导幼儿按照设计手绘稿，大胆运用多种材料进行创作。

2. 角色区

目标：

（1）有初步的责任心，能够以"家务工具修理店"的角色身份调节自己的情绪和行为。

（2）会表达自己的意愿和尊重别人的意愿，在游戏中通过协商解决分歧。

材料：家务工具修理标牌、角色牌、自制服务站商品、修理工具及各类废旧物、纸币、硬币、收款机等。

游戏玩法：游戏可分为售卖人员、修理人员及购买人员三类角色，围绕修理、售卖家务工具进行"家务工具修理店"的角色游戏。

观察重点：观察幼儿是否能够按主题调节自己的角色身份的情绪和行为。

指导要点：引导幼儿能够表达自己的意愿和尊重别人的意愿，在游戏中通过协商解决分歧。

3. 语言区

目标：

（1）了解书信的格式。

（2）运用前书写符号的形式记录、表达对长辈的孝敬之情。

材料：白纸、彩笔、信封。

游戏玩法：借助图画书中长辈做家务及懂孝敬的内容进行联想，用前书写的形式，进行对长辈"爱的一封信"的书写。

观察重点：幼儿能够通过自己的理解运用前书写符号进行记录。

指导要点：引导幼儿运用自己能理解的前书写符号进行记录。

4. 益智区

目标：能够运用拼插玩具组合体现家务所需材料的特征。

材料：长辈做家务需要物品的实物图片、各种拼插玩具、不同拼插玩具的基础拼插方法步骤图。

游戏玩法：讨论长辈们做家务时候的需要，依据幼儿兴趣，根据拼插步骤图照片中的方法进行和主题有关的创意拼插。

观察重点：观察幼儿是否能够根据特征运用材料进行组合拼插。

指导要点：引导幼儿在益智区遇到问题时，能够主动思考并尝试解决问题。

5. 表演区

目标：愿意和同伴合作创编动作及队形。

材料：搜集节目单、根据节目准备相应的服装道具、音乐。

游戏玩法：幼儿间协商通过"精彩展示墙"中的动作造型和操作队形变化墙进行节目编排，生成视频。

观察重点：观察幼儿是否能够根据排练的节目内容进行动作及队形的创编。

指导要点：

（1）帮助幼儿制作长辈最喜欢的节目统计表。

（2）鼓励幼儿根据节目准备服装道具。

6. 科学区

目标：了解电路原理，探究让风扇转起来的多种电路的连接方法，制作"爱心风扇仪"。

材料：电路玩具、说明书、辅助墙"电路变变变"。

游戏玩法：幼儿可借助步骤图或进行创意连接，探索电路的多种连接方式让风扇转起来。

观察重点：幼儿是否能够借助辅助材料（说明书或辅助墙）进行电路连接的探究。

指导要点：根据幼儿的不同水平，引导幼儿发现问题、思考问题、解决问题。

7. 建构区

目标：比较观察，能够合作运用堆高、平铺、围拢、架空、覆盖、连接等组合搭建长辈喜欢的景点建筑，体现景点建筑特征。

材料：景点建筑不同角度的照片（如正面、侧面、背面、俯视、局部等角度照片）；各种不同形状、大小的积木、辅助材料、低结构材料。

游戏玩法：通过观察与同伴间协商分工合作，运用多种组合搭建方法搭建长辈们喜欢的建筑景点。

观察重点：观察幼儿能否合作运用材料进行组合搭建，体现景点建筑特征。

指导要点：鼓励同伴间协商、合作运用积木进行多种组合方法的搭建。

四、集体教育活动

活动名称：大班健康领域—健康活动—《一起来整理》

活动目标：

1.了解书包各个收纳的空间的作用不同。

2.能与同伴设计、分类整理自己的书包。

3.体验劳动的辛苦与快乐。

活动准备：

1.物质准备：图片（康康杂乱书包柜的图片）、书包柜、书包（按组投放同样收纳空间的书包）、杂物筐、纸、笔、橡皮、投票栏、电子白板、背景音乐、整理材料（外套、秋衣、内衣、玩具、水壶、书包、图画书、水彩笔、玩具）。

2.经验准备：有整理物品的经验。

活动重点：设计、分类整理书包的方法并记录。

活动难点：能够协商合理地设计整理书包柜。

活动过程：

（一）导入引入：出示康康杂乱的书包柜图片，引发幼儿兴趣。

指导语：小朋友们，你们看看这是什么？

指导语：看到这个书包柜，你有什么感受？

指导重点：通过图片引入主题，引发幼儿兴趣。

（二）基本活动：

1. 我们一起来讨论。通过教师提问，幼儿观察并讨论整理书包的方法。

（1）请幼儿说一说自己的收纳想法，借助交互电子白板展示幼儿整理方案。

指导语：请你看一看，书包柜里都有什么东西？

指导语：如果是你，你会怎么整理自己的书包柜？

指导重点：引导、帮助幼儿将物品进行分类，大胆表达自己的分类整理想法。

（2）运用交互式电子白板进行操作，引导幼儿将书包的储存空间进行分类，合理安排物品位置。

指导语：刚才几个小朋友都说出了自己整理的方法，你们觉得他们整理得好吗？

指导语：现在我们来看一看我们的书包都有哪些储存空间？

指导重点：通过书包的储存空间、物品大小以及拿取是否方便的原则引导幼儿进行讨论。

2. 我们一起试一试。幼儿分组操作，进行书包整理。

（1）分组尝试设计整理书包的方案。

指导语：看一看收纳筐里都有哪些东西，一起讨论一下你们组物品可以怎样分类摆放，画在纸上。

（2）尝试设计幼儿整理分工方案。

指导语：如果你们设计好了，想一想，咱们整理这些物品都需要做哪些不同的工作?

指导语:把每项分工写在表格里。

指导重点:指导幼儿思考并进行分工整理的任务布置。

（3）根据设计方案，尝试分工整理书包。

指导语:现在开始整理吧!

指导重点:教师巡回指导,帮助幼儿发现问题、思考问题。

3.我们一起来投票。通过投票互动,幼儿互相学习、大胆表达。

指导语:现在我们来选出最佳整理小卫士!请小朋友们看一看,哪组整理得最好,请你投出四叶草的选票。

指导语:你把选票投给了哪组小朋友?为什么?

指导重点:引导幼儿互相学习好的整理的方法,鼓励幼儿大胆表达。

4.我们一起提建议。通过教师提问,引发幼儿思考、互相帮助。

指导语:你对别的小朋友整理的书包,有什么好的建议?为什么?

指导重点:引导幼儿思考整理过程中的问题,互相帮助调整整理书包。

（三）结束活动：通过教师提问，总结整理经验。

指导语:今天我们小朋友一起设计、分类整理自己的书包,你觉得这个过程中应该注意什么?

指导重点:引导幼儿回顾、总结整理时的重点。

（四）延伸活动：通过教师提问，引发幼儿主动做家务的愿望。

指导语:整理的工作可真的不轻松,但是我们小朋友都会做,也能做好!

指导语:小朋友们在家也要当好小帮手,帮助爸爸妈妈多做家务,还可以把做家务的事情或者照片分享给大家。

五、户外活动

活动名称：家务商品特价日

活动目标：

1. 在跑、跳、钻、爬中，提高身体动态平衡力及协调性。

2. 体验同伴间合作抢购游戏的快乐，创造性地解决问题。

活动准备：指示牌（提示幼儿跑、跳、钻、爬的动作）、家务工具物品道具盒若干、记分牌、标志桶3个、标志碟6个、背景律动音乐、健康达人组奖杯。

游戏玩法：四项接力游戏为竞赛游戏，游戏中分组幼儿借助身体设置障碍，同时幼儿也可以以组为单位协商并利用需要的器材完成往返，比赛以记分牌进行计分，累计分数最多的组获胜，并得到健康达人组奖杯。

跑：接力竞赛跑，幼儿分成三组进行往返接力跑，以先拿到一件商品到达终点的组为胜利。

跳：接力跳，幼儿分为三组进行往返接力跳，以先拿到一件商品到达终点的组为胜利。

钻：接力钻，幼儿分为三组进行往返接力钻，以先拿到一件商品到达终点的组为胜利。

爬：接力爬，幼儿分为三组进行往返接力匍匐爬，以先拿到一件商品到达终点的组为胜利。（配图4-5张，围绕目标，体现活动过程，开学拍照完成）

指导与建议：

1. 引导幼儿在合作游戏中能够很好地进行协商并在接力往返赛中平稳地控制身体。

2. 引导幼儿遵守游戏规则，有序进行游戏。

活动主题：会合作

教师：梁妍

一、生活环节活动

目标：愿意与同伴合作整理班内物品。

活动准备：玩具、桌椅

指导建议：看到幼儿能够主动为班级服务时，教师及时给予表扬和肯定。

指导重点：在区域活动后及过渡环节中鼓励幼儿能够与同伴合作收放整理物品。

二、过渡环节

1. 天气预报

内容：请值日生为大家播报当天的天气及温馨提示，引导幼儿了解天气情况，能够根据天气变化主动增减衣物，保护好自己的身体。

环创建议：创设天气预报功能墙饰，为幼儿提供温度记录表，指导幼儿学习记录当天的温度（最高温度和最低温度），引导幼儿观察温度的冷暖变化。创设"温馨提示"小版块，鼓励值日生将提示的内容用绘画的方式呈现到版块上。

三、区域游戏活动

1. 美工区

目标：

（1）有目的、有计划地选择适宜材料以自己喜欢的方式制作《小熊请客》

中的食物，大胆地进行艺术表现。

（2）活动后，能够将桌面清理整洁，材料放回原位并摆放整齐。

材料：水彩笔、手工纸、彩泥、毛根、绒球、剪刀、胶带、纸盘、废旧物等。

游戏玩法：幼儿自主选择艺术材料以自己喜欢的方式制作、装饰《小熊请客》中的食物。

观察重点：观察幼儿是否有目的、有计划地选择适宜材料用自己喜欢的方式制作作品。

指导要点：鼓励幼儿运用各种艺术材料以自己喜欢的方式制作各种食物。

2. 角色区

目标：

（1）能够正确反映角色的社会职责和角色之间的社会关系。

（2）能够与同伴协商解决游戏中出现的冲突。

材料：超市场景、角色胸牌、购物篮、代币、各种废旧材料、自制的商品等。

游戏玩法：幼儿根据自己的意愿决定所要扮演的角色，自由地发展有关"小熊商品店"的游戏内容。

观察重点：观察幼儿在游戏中遇到冲突，解决问题的方法。

指导要点：指导幼儿尝试运用协商、交换、轮流等方式解决冲突，学习理解别人的感受。

3. 图书区

目标：

（1）能够专注地阅读图画书。

（2）愿意用图画或符号表现事物或故事。

材料：图画纸、水彩笔、订书器。

游戏玩法：能够用绘画的方式表现故事《小熊请客》的主要情节，并能有序、连贯、清楚地进行表达。

观察重点：观察幼儿是否能够通过多种方式表现故事或事物。

指导要点：引导幼儿画出能够突出故事主要情节的图画，鼓励幼儿将自制的图画书讲给同伴听。

4.益智区

目标：

（1）能够综合运用简单的比较、测量、排序、分类、推理等方法解决问题。

（2）游戏结束后，能够将玩具分类收回并摆放整齐。

材料：扑克牌

游戏玩法：两人各拿扑克牌若干，数量相同，若按数字分类，则分别把1–10分开放，若按花色分类，则把方块、梅花、红桃、黑桃分开放，两人同时开始分得又快又准确的为获胜方。

观察重点：观察幼儿是否能够运用简单的比较、测量、排序、分类、推理等方法解决问题。

指导要点：鼓励幼儿能够运用简单的比较、测量、排序、分类、推理等方法解决问题。

5.表演区

目标：能够与同伴协商分配角色，友好合作，会解决游戏中的问题。

材料：小猫、小狗、小鸡、狐狸头饰，小鱼、小虫、骨头、石头、大树、桌子、椅子。

游戏玩法：幼儿和同伴协商分配角色，共同布置场景，按照相应角色装扮好后进行表演。

观察重点：观察幼儿在表演活动中是否能与同伴友好合作，共同解决游戏中的问题。

指导要点：引导幼儿表演时应声音洪亮，情绪饱满地面向观众等注意事项。

6.科学区

目标：能够通过观察、比较与分析，发现事物的前后变化。

材料：小鸡成长史玩具。

游戏玩法：幼儿通过序号提示将玩具一一对应地放到指定的位置里，观察、了解小鸡胚胎的成长过程。

观察重点：观察幼儿是否能够通过观察、比较与分析等方法，发现事物的变化。

指导要点：鼓励幼儿不看序号提示，尝试摆出小鸡胚胎的成长过程。

7.建构区

目标：

（1）能够综合运用堆高、平铺、围拢、架空、覆盖、连接等组合搭建，作品能够体现事物的典型特征。

（2）能与同伴合作进行搭建，感受合作游戏的快乐。

材料：各种积木、辅助材料

游戏玩法：幼儿与同伴协商分配好角色后，能够综合运用堆高、平铺、围拢、架空、覆盖、连接等组合搭建小鸡的家。

观察重点：观察幼儿是否能够综合运用堆高、平铺、围拢、架空、覆盖、连接等技能进行组合搭建，作品能够体现事物的典型特征。

指导要点：鼓励幼儿运用堆高、平铺、围拢、架空、覆盖、连接等组合搭建小熊的家。

四、集体教育活动

活动名称：大班语言领域—表演活动—《小熊请客》片段表演——在路上

活动目标：

1. 尝试运用动作、表情、语言等表现角色，表演故事情节。

2. 体验合作表演的乐趣。

活动准备：

1. 物质准备：突出故事主要情节的图片、自制大树、小猫、小狗、小鸡、狐狸头饰若干。

2. 经验准备：幼儿已经完整欣赏过《小熊请客》的故事，熟悉故事情节、人物、台词。

活动重点：理解角色的情绪变化与故事情节间的联系。

活动难点：尝试运用动作、表情、语言表现角色，表演故事情节。

活动过程：

（一）导入活动

1. 引导幼儿回顾故事角色、情节，激发幼儿学习兴趣。

指导语：《小熊请客》讲了一件什么事？故事里都有谁？

（二）基本活动

1. 出示图片，回顾故事情节，理解角色的情绪变化，并尝试运用动作、表情、音色等方式大胆模仿与创造。

（1）出示狐狸靠在大树旁的图片

指导语：图片中有谁？这是发生在哪的事情？狐狸第一个看到的是谁？

（2）出示小猫和狐狸对话的图片。

指导语：小猫的心情是怎样的？为什么？小猫的声音是什么样的？我们一起来学一学。狐狸是什么样的心情？为什么？狐狸的声音是什么样的？我们一起来学一学。

（3）出示小狗和狐狸对话的图片。

指导语：小狗的心情是怎样的？为什么？小狗的声音是什么样的？我们一起学一学。现在狐狸的心情怎样？为什么？我们一起学一学。

（4）出示小鸡和狐狸对话的图片。

指导语：小鸡的心情怎样？为什么？小鸡的声音是什么样的？我们一起学一学。这次，狐狸的心情怎样？跟刚才有什么不同？我们一起来学一学。

2.师幼表演片段——在路上，体验合作表演的乐趣。

（1）幼儿与教师合作表演。

指导语：老师来扮演狐狸，小朋友们来扮演小动物。

（2）幼儿小组合作进行表演。

指导语：请小朋友们自由结组商量好角色后进行表演。

（三）结束活动

1.表演结束后，幼儿分享观看感受，师幼共同梳理表演规则。

指导语：请小朋友们说一说你观看后的感受是什么？在表演过程中，我们都需要注意些什么？

（四）延伸活动

将表演剧《小熊请客》延伸到表演区，鼓励幼儿大胆进行表演与创造。

五、户外活动

活动名称：动物跳跃接力赛

活动目标：

1.练习跳跃动作（双脚向前跳、双脚左右跳、单双脚交替跳）及身体的控制能力。

2.探索跳跃游戏的多种玩法。

3.喜欢参加体育活动，感受同伴合作游戏的快乐。

活动准备：能够熟练掌握双脚向前跳的运动技能。

游戏玩法：幼儿排成两列纵队，听到口令后，双脚向前跳过（双脚左右跳、单双脚交替跳）游戏材料，从右后方跑回到起点位置，与下一名幼儿交接接力棒后站到队尾，拿到接力棒的幼儿重复上一位幼儿的动作，以此类推，最后一名幼儿最先跑回终点且排头最先举手的组获胜。

指导与建议：

1.发展幼儿跳跃能力及身体动作的协调性。

2.鼓励幼儿探索跳跃游戏的多种玩法。

活动主题：乐奉献

教师：孙嘉

一、生活环节活动

目标：

1.能够在值日生的提醒下主动地照顾自己（把手擦干、塞好裤子）。

2.以小组为单位，能够在生活和游戏中掌握一些节约资源的方法。

活动准备：

指导重点：教师注意观察幼儿的环保行为（节约用水、主动关灯等），并进行随机的评价和鼓励，渗透环保意识。

二、过渡环节

1.听说游戏

游戏名称：**传声筒里的悄悄话**

内容：幼儿自愿组合为一组，每组幼儿面向圆心围坐一个圈，自编一句与育美文化中文明小主人形象相关的礼貌用语。作为传声筒的第一句，第一名幼儿悄悄把第一句传递给相邻的一名幼儿；第二个人传给第三个人，以此类推，接到这句话的最后一名幼儿立即大声分享。以最后一名幼儿与第一名幼儿表达内容一致为胜利。

环创建议：选择班级环境中比较宽阔的场地。

三、区域游戏活动

1.美工区

目标：鼓励幼儿尝试运用不同的废旧材料制作自己喜欢的小动物。

材料：大小、形状不同的饮料瓶、包装盒；长短不同的冰棍杆；大小、颜色不同的瓶子盖；颜色、薄厚不同的纸及长短、颜色、软硬不同的线等。

游戏玩法：幼儿可以根据自己的喜好，选用不同的材料制作小动物。

指导要点：教师引导幼儿能够根据材料的形状及材质，选择适宜的连接方法进行连接。

2.角色区

目标：

（1）有初步的责任心，能够以"快递员"的角色进行角色分配。

（2）能够与同伴协商解决游戏中出现的冲突。

材料：角色牌、快递包裹（美工区制作）、快递单、纸币、硬币、收款机等。

游戏玩法：游戏可分为送快递人员、整理快递人员及寄快递人员三类角色，围绕收、寄、整理快递进行角色游戏。

指导要点：引导幼儿能够表达自己的意愿和尊重别人的意愿，在游戏中通过协商解决分歧。

3. 语言区

目标：鼓励幼儿尝试用比较丰富的词句表达图片内容。

材料：提供画面中特征丰富的人物图片，包括：表情、动作、服装等典型特征。

游戏玩法：两人以上进行游戏，提供几张大致相同的图片，游戏前两人协商，分配角色：一名幼儿负责描述图片内容、一名幼儿负责猜描述的是哪张图片。游戏中共 10 张图片散放，每次只描述一张图片。正确选出描述的图片后，图片归选图片的小朋友。在规定的时间数一数各自有多少张图片，以图片数量多为胜利。

指导要点：教师鼓励幼儿用比较丰富的词句表达图片内容

4. 益智区

目标：能够探究拼插玩具组合方法拼插小螃蟹。

材料：各种拼插玩具、不同拼插玩具的基础拼插方法步骤图。

游戏玩法：依据幼儿兴趣，根据拼插步骤图中的方法进行小螃蟹的创意拼插。

指导要点：观察幼儿是否能够根据小螃蟹特征运用材料进行组合拼插。

5. 表演区

目标：能够与小朋友一起协商分配角色，并选择合适的乐器为故事中的雨声伴奏。

材料：提供自制沙锤、响铃、三角铁、撞钟、撞铃棒等。

游戏玩法：幼儿自主探索尝试选择适合的乐器为故事中的雨声伴奏。

指导要点：鼓励幼儿结合生活中雨声，选择适宜的打击乐器进行伴奏。

6. 科学区

目标：能够在有挑战的游戏情境中探究影子大小和光源远近的关系。

材料：一个影子游戏箱、手电、小动物塑封纸卡、记录表。

游戏玩法：幼儿可 1 人游戏，也可以多人游戏。将每次体现影子与光源远近的新发现记录下来。

指导要点：教师鼓励幼儿大胆尝试并注意观察影子与光源远近的变化，鼓励幼儿自主与同伴分享新发现。

7. 建构区

目标：能够用交错、延长和垒高的技能表现楼房特征；能想象、创造出不同造型的组合丰富主题搭建。

材料：投放在幼儿参观过程中拍摄的楼房细节的图片及楼房公共设施的照片。

游戏玩法：以协商的方式与同伴友好地合作，搭建不同造型的楼房。

通过小组或者集体游戏评价：你觉得哪座楼房造型漂亮？下次游戏中我们可以在楼房里增加些什么？

指导要点：教师观察幼儿使用不同建构材料、不同的方法进行搭建。

四、集体教育活动

活动名称：大班语言领域—绘本阅读活动—《螃蟹小裁缝》

活动目标：

1. 引导幼儿自主阅读，通过记录画面信息的方式了解故事的线索。

2. 鼓励幼儿愿意与同伴分享自己的想法。

3. 像螃蟹小裁缝一样，遇到困难知道积极想办法解决问题，做事有始有终。

活动准备：

1. 物质准备：幼儿人手一册图书《螃蟹小裁缝》；《螃蟹小裁缝》中的主要角色图片；记录表（一大张教师使用、若干小张幼儿使用）；记录笔。

2. 经验准备：对裁缝的职业有一定了解。

活动重点：引导幼儿自主阅读，通过记录画面信息的方式了解故事的线索。

活动难点：幼儿能够自主阅读，通过记录画面信息的方式了解故事的线索。

活动过程：

（一）导入部分：引导幼儿观察图片，激发幼儿看书的兴趣。

1. 教师引导幼儿观察图书封面，激发幼儿看书的兴趣。

指导语：从这张图面中你看见了谁？它是干什么的？

指导重点：鼓励幼儿仔细观察画面并用清楚的语言进行表达。

（二）基本部分

1. 幼儿阅读图书并鼓励幼儿自主记录故事中的线索。

（1）教师出示并介绍记录表的使用方法。

重点：引导幼儿认真倾听，掌握记录表正确的使用方法。

（2）幼儿自由结组以小组为单位进行自主阅读。

（3）教师鼓励每个小组对阅读的故事线索进行记录。

重点：教师引导幼儿仔细阅读画面并将故事的线索一一记录在表格中。

教师观察并简单记录幼儿的阅读情况：如幼儿认识的汉字；幼儿阅读过程中出现的困难和不当阅读行为等。

（4）教师和幼儿一起分享、讨论记录表上的故事内容。

指导语：螃蟹小裁缝给动物们都做了什么？花了多少钱？螃蟹的心情是什么样的？你是在哪页书中发现的？

指导重点：教师引导幼儿通过讨论发现故事中的线索，理解故事内容。

（三）活动结束

教师针对幼儿不同的想法，鼓励幼儿自主翻书寻找答案进行验证。

（四）活动延伸

1.教师结合幼儿自主寻找的故事线索，与幼儿一起完整阅读图书。

指导语：我们一起看看小朋友贴的图片，和故事中的情节一样吗？我们向螃蟹小裁缝学习什么？

重点：教师边带幼儿逐页观察、阅读画面，边指认文字；理解在遇到困难时知道积极想办法解决问题，做事有始有终的意思。

五、户外活动

活动名称：家庭扫除迪斯科

活动目标：

1.锻炼动作的敏捷性，能迅速反应动作指令。

2.体会听指令游戏带来的乐趣。

活动准备：迪斯科音乐；比较宽阔的场地。

游戏玩法：全体参与游戏的幼儿散点站好；音乐起，幼儿随音乐节奏听教师指令做相关动作；音乐停，教师出示图片后，幼儿模仿图片中做家务的动作。

指导与建议：

（1）提示幼儿注意听清教师动作指令并根据指令做出相应动作。

（2）提示幼儿根据图片，结合生活经验做出与图片相关的做家务的动作。

（3）教师注意观察幼儿动作：如果按游戏规则进行，可继续游戏；如果违反游戏规则，停止游戏一次。

活动主题：好习惯

教师：景洪

一、生活环节活动

目标：

1. 在用水时，能够发现浪费水的现象。

2. 能够与同伴制定节约用水的班级好习惯提示卡。

活动准备：A4 白纸、彩笔等。

指导建议：引导幼儿在班级中将与同伴制定的节约用水的好习惯提示卡贴至适宜位置，提示幼儿节约用水。（配图 4-5 张，围绕目标，体现过程，开学拍照完成）

指导重点：引导幼儿发现浪费水的现象，并与同伴制定节约用水的班级规则。

二、过渡环节

1. 精彩两分钟：

游戏名称：我的生活好习惯

内容：幼儿根据自己的生活好习惯进行分享。

环创建议：开辟班内主题角"我的生活好习惯"，将每日展示幼儿的介绍、展示时间、展示内容、精彩照片以及"每日挑战好习惯"的自选打卡行动等过程性资料展示在主题角上。

三、区域游戏活动

1. 美工区

目标：有目的、有计划地与同伴创作"我来帮助您（你）"的作品。

材料：各种废旧材料（冰棍杆、纸盒、纸杯、纸盘、纸箱、泡沫板等）、自然物（树叶、花瓣、树枝、松果、圆木片等）、各种不同材质的笔、颜料、彩泥、图画纸、手工纸、剪刀、各种不同的粘贴工具、空收纳筐等。

游戏玩法：幼儿自选喜欢的材料，以"我来帮助您（你）"为主题，按照同伴合作的设计平面或立体场景作品稿制作。

观察重点：观察幼儿是否能够有目的、有计划地合作创意作品。

指导要点：

（1）制作前，引导幼儿有计划、有目的地与同伴进行协商、合作设计"我来帮助您（你）"主题下的作品。

（2）引导幼儿按照计划，大胆运用多种材料进行创作。

2. 角色区

目标：

（1）能够以"家务工具修理店"的角色身份，大胆运用生活中的经验进行扮演。

（2）在游戏中发生冲突时，能通过协商解决分歧。

材料：家务工具修理标牌、角色牌、自制服务站商品、修理工具及各类废旧物、纸币、硬币、收款机等。

游戏玩法：围绕修理、售卖家务工具进行"家务工具修理店"中的角色扮演，运用生活中的经验进行游戏。

观察重点：观察幼儿是否能够运用生活中的经验进行角色扮演。

指导要点：引导幼儿在游戏中通过以往生活经验进行角色扮演并通过协商解决分歧。

3. 语言区

目标：能够根据自己的想法，有序、连贯地运用前书写符号进行书信记录，表达对长辈的爱。

材料：白纸、彩笔、信封。

游戏玩法：借助图画书中长辈为自己的辛苦付出进行联想，有序、连贯地运用前书写符号进行书信记录——"爱的一封信"。

观察重点：幼儿通过自己的理解，能够有序、连贯地运用前书写符号进行记录。

指导要点：引导幼儿根据自己的想法，有序、连贯地运用前书写符号进行记录。

4. 益智区

目标：比较观察，能够运用拼插玩具组合体现家务所需材料的细节特征。

材料：长辈做家务时需要物品的实物图片、各种拼插玩具、不同拼插玩具的基础拼插方法步骤图。

游戏玩法：讨论长辈们做家务时的需要，依据幼儿兴趣，根据拼插步骤图中的方法进行和主题有关的创意拼插。

观察重点：观察幼儿是否能够根据物品的细节特征，运用材料进行组合拼插。

指导要点：引导幼儿观察物品图片细节，主动思考拼插细节的方法。

5. 表演区

目标：在音乐的伴随下，能够与同伴自然地进行动作表演及进行队形变换。

材料：节目单、节目相应的服装道具、音乐。

游戏玩法：同伴间协商确定表演的节目，在音乐的伴随下，自然地进行动作表演及队形变换，生成视频。

观察重点：观察幼儿是否能够根据确定表演的节目，自然地进行动作表演及队形变换。

指导要点：

（1）引导幼儿进行节目选定。

（2）需要时，提示幼儿动作及队形变化。

6. 科学区

目标：乐于探索"爱心风扇仪"不转的原因。

材料：电路玩具、说明书、辅助墙"电路变变变"。

游戏玩法：幼儿可借助步骤图或进行创意连接，探索电路的多种连接方式让风扇转起来，从而观察风扇不转的电路，探索原因并在辅助墙上进行记录、解决。

观察重点：幼儿是否能够观察到风扇不转的原因。

指导要点：根据幼儿的不同水平，引导幼儿发现问题、思考问题、解决问题。

7. 建构区

目标：比较观察，能够合作运用堆高、平铺、围拢、架空、覆盖、连接等组合搭建长辈喜欢的景点建筑，体现景点建筑细节特征。

材料：景点建筑不同角度的细节照片（如正面、侧面、背面、俯视、局部等角度的细节照片）；各种不同形状、大小的积木、辅助材料、低结构材料。

游戏玩法：通过观察与同伴间协商分工合作，运用多种组合搭建方法搭建长辈们喜欢的建筑景点。

观察重点：观察幼儿能否细致地观察图片，合作运用材料进行景点建筑细节的组合搭建。

指导要点：引导幼儿细致地观察图片，合作运用材料进行景点建筑细节的组合搭建。

四、集体教育活动

活动名称：健康领域—健康活动—《我们的生活好习惯提示卡》

活动目标：

1. 了解生活习惯的分类。

2. 能与同伴运用前书写形式设计、制作生活好习惯提示卡。

3. 体验与同伴分享好习惯的快乐。

活动准备：

1. 物质准备：图片（一个小朋友在幼儿园正在狼吞虎咽地吃饭、饭桌上掉了很多米粒和菜的图片）、卡纸、彩笔、背景音乐。

2. 经验准备：知道生活中不同的生活习惯。

活动重点：设计、制作生活好习惯提示卡。

活动难点：能够合理地设计生活好习惯提示卡。

活动过程：

（一）导入活动：出示不良习惯提示图，引发幼儿兴趣。

指导语：小朋友们，你们看看图中的小朋友在做什么？

指导语：你觉得这样的行为正确吗？要是你会怎样做？

指导重点：通过教师提问，引发幼儿兴趣。

（二）基本活动：

1. 看一看，说一说。通过教师提问，幼儿进行大胆表达。

（1）请幼儿根据提问进行思考，说一说自己在幼儿园的生活好习惯。

指导语：请你想一想，在我们的幼儿园生活中，你都有哪些好习惯呢？

指导重点：引导、帮助幼儿大胆表达自己的想法。

（2）教师通过前书写形式的思维导图进行呈现，再次引导幼儿进行大胆表达。

指导语：刚才小朋友们都说出了自己好的生活习惯，那么生活习惯都包括什么呢？

指导语：那刚才说的……生活好习惯属于哪一种生活习惯呢？

指导语：现在，你还能想到哪些生活好习惯？

指导重点：通过前书写形式的思维导图呈现生活好习惯的种类，再次引导幼儿进行大胆表达并按照衣、食、住、行进行分类。

2. 想一想，做一做。幼儿分组设计、制作好习惯提示卡。

（1）想一想。通过教师提问引导，与同伴进行协商、表达。

指导语：那现在请小朋友两个人一组，想一想，你们设计的好习惯提示内容是什么？想怎样设计？

指导语：想用什么样的方法进行提示，能够让别人看懂呢？

指导重点：引导幼儿协商后进行表达。

（2）做一做。根据同组设计方案，进行设计、制作。

指导语：现在可以和你的组员用画笔来设计你们的好习惯提示卡啦！

指导语：想一想，怎样设计更合适？

指导重点：引导幼儿运用前书写的形式设计提示卡并帮助幼儿发现问题、思考问题。

3. 翻一翻，享一享。通过翻牌的形式，幼儿大胆分享设计。

指导语：现在小朋友们设计的提示卡都背对我们贴在了板子上，你想看看哪个提示卡，谁想来翻一翻？

指导语：你有什么更好的建议么？

指导重点：鼓励、引导设计的幼儿大胆表达并了解如何更好地合理设计提示卡。

（三）结束活动：**教师将所有设计卡翻过来，幼儿进行自由观看分享。**

指导语：快问问你旁边的小设计师，为什么设计这样的提示？设计卡的提示是什么意思？

指导重点：鼓励、引导幼儿体验与同伴分享好习惯的快乐。

（四）延伸活动：**通过教师提问，引发幼儿将提示卡贴在适宜的位置。**

指导语：今天我们小朋友做了这么多提示卡，把它们放在哪里最合适呢？

指导语：我们一起把提示卡贴好吧！

五、户外活动

活动名称：我最懂礼貌

活动目标：

1. 在跑、跳、攀爬的组合游戏中，增强身体的力量、平衡及协调性。

2. 体验与同伴游戏的快乐。

活动准备：标志碟6个，跨栏、障碍砖块若干、多层跳箱、提示动作指示牌（提示幼儿不同跑、不同跳以及不同攀爬障碍高度的动作牌）、懂礼貌配对版、配对卡、背景律动音乐、自制"我最懂礼貌"勋章若干。

游戏玩法：幼儿分三组，听口令从起点根据指示牌的图片进行相应跑、跳、攀爬的动作，过障碍后，在懂礼貌配对版上将懂礼貌答案卡与问题卡进行配对，返回起始点进行接力，以规定时间内，配对卡正确数量最多为胜出，将勋章发放给每次游戏胜出组。

第一次游戏，由教师确定提示动作指示牌图片。

第二次游戏，由本组同伴商量确定动作指示牌图片。

第三次游戏，由不同组幼儿商量确定动作指示牌图片。（根据情况设定第三次游戏）

指导与建议：

1.引导幼儿根据指示牌图片进行游戏的指定动作。

2.引导幼儿认真观察懂礼貌配对版进行配对。

活动主题：懂礼貌

教师：梁妍

一、生活环节活动

目标：能够分类整理物品，并摆放整齐。

活动准备：图片（一张是凌乱摆放的物品，一张是整齐摆放的物品）。

指导建议：引导幼儿能够帮助家人做一些力所能及的事情，表达对家人的关爱。

指导重点：鼓励幼儿能够分类整理物品，并摆放整齐。

二、过渡环节

1.新闻播报《我是小小播报员》

内容：请播报员将自己看到的、听到的所闻所感向同伴介绍，并以绘画的方式进行表现。

环创建议：创设新闻播报功能墙饰，新闻播报分为三个内容：国家新闻、幼儿园新闻和我身边的事，其中，"我身边的事"包括：我自己的事情、我看到或听到的事情和好人好事（孝敬父母、乐于助人等），针对幼儿的分享，教师及时给予鼓励与肯定。

三、区域游戏活动

1. 美工区

目标：

（1）有目的、有计划地选择适宜材料以自己喜欢的方式及一定规律制作《小熊请客》中的道具。

（2）能够将桌面清理整洁，材料放回原位并摆放整齐。

材料：水彩笔、手工纸、彩泥、毛根、绒球、剪刀、胶带、纸盘、废旧物等。

游戏玩法：幼儿自主选择艺术材料以自己喜欢的方式制作、装饰《小熊请客》中的道具。

观察重点：观察幼儿是否有目的、有计划地选择适宜材料用自己喜欢的方式及一定规律制作作品。

指导要点：鼓励幼儿运用各种艺术材料以自己喜欢的方式及一定规律制作道具。

2. 角色区

目标：

（1）能够大胆表现自己所扮演的人物角色，反映自己对现实生活的理解和认识。

（2）能够与同伴协商解决游戏中出现的冲突。

材料：超市场景、角色胸牌、购物篮、代币、各种废旧材料、自制的商品等。

游戏玩法：幼儿根据自己的意愿决定所要扮演的角色，大胆表现自己对现实生活的理解和认知，自由地发展有关"小熊商品店"的游戏内容。

观察重点：观察幼儿在游戏中遇到冲突，解决问题的方法。

指导要点：指导幼儿尝试运用协商、交换、轮流等方式解决冲突，学习理解别人的感受。

3. 图书区

目标：

（1）能够有序、连贯、清楚地讲述故事。

（2）愿意用图画或符号表现事物或故事。

材料：图画纸、水彩笔、订书器。

游戏玩法：能够用绘画的方式表现故事《小熊请客》的主要情节，并能有序、连贯、清楚地进行表达。

观察重点：观察幼儿是否能够通过多种方式表现故事或事物。

指导要点：鼓励幼儿能够有序、连贯、清楚地讲述故事。

4. 益智区

目标：

（1）积累10以内数的排序、相邻数、比大小、找对应、分类（数序、颜色、形状）、分解组成的经验。

（2）游戏结束后，能够将玩具分类收回并摆放整齐。

材料：扑克牌

游戏玩法：两人各拿纸牌若干，数量相同，若按数字分类，则分别把1-10

分开放，若按花色分类，则把方块、梅花、红桃、黑桃分开放，两人同时开始分得又快又准确的为获胜方。

观察重点：观察幼儿是否能够运用简单的比较、测量、排序、分类、推理等方法解决问题。

指导要点：鼓励幼儿能够运用简单的比较、测量、排序、分类、推理等方法解决问题。

5. 表演区

目标：能够遵守表演区规则，选择自己喜欢的角色大胆进行艺术表现。

材料：小猫、小狗、小鸡、狐狸头饰，小鱼、小虫、骨头、石头、大树、桌子、椅子。

游戏玩法：幼儿和同伴协商分配角色，共同布置场景，按照相应角色装扮好后进行表演。

观察重点：观察幼儿在表演活动中是否能够遵守游戏规则进行活动。

指导要点：引导幼儿表演时应声音洪亮，情绪饱满地面向观众。

6. 科学区

目标：能够通过观察、比较与分析，发现事物的前后变化，并能用数字、图画、图表或其他符号记录。

材料：小鸡成长史玩具

游戏玩法：幼儿通过序号提示将玩具一一对应地放到指定的位置里，观察、了解小鸡胚胎的成长过程，并做记录。

观察重点：观察幼儿是否能够将观察到的事物变化运用数字、图画、图表或其他符号记录。

指导要点：鼓励幼儿不看序号提示，尝试摆出小鸡胚胎的成长过程。

7. 建构区

目标：

（1）确定搭建主题后，能够先画出设计图，再按照设计图进行搭建，作品要与设计图相符。

（2）能与同伴合作进行搭建，感受合作游戏的快乐。

材料：各种积木、图画纸、水彩笔、辅助材料。

游戏玩法：幼儿与同伴确定搭建主题后，能够先画出设计图，再按照设计图进行搭建，并能综合运用堆高、平铺、围拢、架空、覆盖、连接等组合搭建小熊的家。

观察重点：观察幼儿是否能够先画出设计图，再按照设计图进行搭建，搭建作品要与设计图相符。

指导要点：引导幼儿先画出设计图，再按照设计图进行搭建，并能综合运用堆高、平铺、围拢、架空、覆盖、连接等组合搭建小熊的家。

四、集体教育活动

活动名称：大班艺术领域—表演活动—《欢迎曲》

活动目标：

1.尝试运用歌声、动作、表情完整地表现歌曲。

2.感受好朋友之间的友爱情感，体验好朋友在一起的喜悦之情。

活动准备：

1.物质准备：音乐《欢迎曲》，小熊、小猫、小狗、小鸡头饰，小鱼，小虫，肉骨头，礼物

2.经验准备：幼儿已经能够完整地演唱《欢迎曲》

活动重点：尝试运用歌声、动作、表情表现歌曲。

活动难点：感受好朋友之间的友好情感，体验好朋友在一起的快乐。

活动过程：

（一）导入活动

1. 引导幼儿回顾《欢迎曲》，激发幼儿学习兴趣。

指导语：我们一起来唱一唱小熊请客里的《欢迎曲》。

（二）基本活动

1. 回顾歌曲，感受好朋友之间的友好情感。

（1）播放第一段音乐。

指导语：第一个来到小熊家的是谁？小熊说了什么？小猫做了什么？小熊又是怎么做的？我们一起学一学。

（2）播放第二段音乐。

指导语：第二个来到小熊家的是谁？小熊说了什么？小狗怎么做的？小熊又是怎么做的？我们一起学一学。

（3）播放第三段音乐。

指导语：第三个来到小熊家的是谁？小熊说了什么？小鸡怎么做的？小熊又是怎么做的？我们一起学一学。

2. 完整表演《欢迎曲》，尝试运用歌声、动作、表情完整地表现歌曲。

（1）幼儿与教师合作表演。

指导语：老师来扮演小熊，小朋友们来扮演小动物。

（2）幼儿小组合作进行表演。

指导语：请小朋友们自由结组分配好角色后进行表演。

（三）结束活动

1. 表演结束后，师幼共同分享感受。

指导语：请小朋友们说一说自己的感受？可以说一说你看到的亮点，也可以提一些好的建议。

（四）延伸活动

将表演活动《欢迎曲》延伸到表演区，鼓励幼儿大胆进行表演与创造。

五、户外活动

活动名称：小猴子荡秋千

活动目标：

1.练习单手交替向前悬垂移动一定的距离及身体的控制能力。

2.探索发现悬垂游戏的多种玩法。

3.喜欢参加体育活动，感受同伴合作游戏的快乐。

活动准备：幼儿有练习过悬垂的游戏。

游戏玩法：幼儿一个接一个地向前悬垂移动，踢倒障碍物，走过小桥，最后跑回到队尾。能力强的幼儿独立完成，能力弱的幼儿教师在旁边给予帮助，双手握住幼儿的腰部稍微用力上提。

指导与建议：

（1）向前悬垂移动时，身体紧随手移动，身体重心向上。

（2）鼓励幼儿探索悬垂游戏的多种玩法。

活动主题：懂孝敬

教师：孙嘉

一、生活环节活动

目标：

1. 能够合理安排并有效地利用时间，抓紧时间做事。

2. 能够有礼貌地与同伴交往。

活动准备：值日生、文明礼仪展示墙。

指导重点：教师注意观察幼儿在日常生活环节中与同伴有礼貌交往的言行，并进行随机的评价和鼓励，渗透有礼貌的教育。

二、过渡环节（合作）

听说游戏

游戏名称：生活故事小达人

内容：

1. （教师根据本班幼儿实际叠衣服的情况，确定请幼儿讲解的内容）教师请幼儿自愿担任"叠衣服小达人"。

2. 站在电视框架中为幼儿讲解怎样有顺序地叠衣服。（叠衣服：衣服整平展平——两个袖子分别向衣服的内侧折叠——衣服的整体对折放在椅子上；叠裤子：裤子整体展平——两条裤腿对折——裤腿和裤腰对折放在椅子上；叠袜子：整个袜子展平对折放好）

3. 可以一个人讲述也可以幼儿自愿组合一起讲述。

环创建议：提供一个电视框架。

三、区域游戏活动

1. 美工区

目标：能够欣赏并用自己喜欢的纹样装饰相框，感受不同风格纹样带来的视觉效果。

材料：大小、形状不同的相框；能够表现粗细不同的笔。

游戏玩法：幼儿可以根据自己的喜好，选用不同粗细的材料制作相框。

指导要点：教师引导幼儿能够根据大小、形状不同的相框，尝试用自己喜欢的线条进行装饰

2. 角色区

目标：初步通过协商、讨论等方式，学会解决游戏中角色、玩具等问题。尝试大胆有创造性地选择替代物顺利地开展游戏

材料：多种生活中的废旧材料及生活的包装盒、瓶等。

游戏玩法：鼓励幼儿在角色游戏中出现游戏材料不够等情况，能主动创造性地使用身边的材料顺利游戏；能够通过协商讨论的方式，尝试解决游戏中的问题。

指导要点：教师注意观察幼儿的游戏状态，鼓励幼儿尝试以物代物创造性地进行游戏。

3. 语言区

目标：喜欢模仿日常生活或艺术作品中人物的语言、表情、动作，愿意尝试与同学创编合作表演简单的故事情节。

材料：不同类型的图书

游戏玩法：幼儿可以与同伴一起协商、合作，用语言、表情、动作等表演自己熟悉的简单故事情节。

指导要点：教师引导幼儿讲述自己带来的图书，喜欢用口头语言、肢体语言表现感兴趣的事情。

4. 益智区

目标：能运用图形和空间经验解决游戏中的问题。

材料：在科学区提供七巧板，各种大小、颜色不同的几何图形以及拼图图例。

游戏玩法：依据幼儿兴趣，选择七巧板，可以一人玩也可以多人合作玩。

指导要点：教师引导幼儿利用图形进行图形空间方位拼摆。

5. 表演区

目标：能够积极参与表演游戏活动。在游戏中加深对文学作品的理解，激发幼儿对文学作品的兴趣。

材料：与幼儿喜欢表演的作品相关的音乐、道具、图片等。

游戏玩法：幼儿自主探索尝试选择与表演作品相关的道具；与同伴协商、讨论解决表演游戏中遇到的问题。

指导要点：教师注意观察幼儿的游戏状态；适时介入幼儿游戏。

6. 科学区

目标：尝试运用工具和材料进行简单的探索，并根据某些现象进行猜想；用记录的方式表现、交流、探索与发现的过程。

材料：不同材质的火箭玩具，大小不同的矿泉水瓶。

游戏玩法：幼儿可 1 人游戏，也可以多人玩比高的游戏。

指导要点：教师引导幼儿观察、探索不同材质的火箭用不同大小瓶子升空的高度变化。

7. 建构区

目标：能在不同的作品中有规律地运用材料，并合理地建构层次；懂得观看布局图，合理运用场地建构。

材料：幼儿园的布局图、小型积木、实心积木、辅助材料。

游戏玩法：分组协商搭建内容，能够尝试根据规划图选择合适的位置及积木进行有规律的搭建；

指导要点：教师观察幼儿仔细观看布局图，合理地选择建构场地和同伴协商建构。

四、集体教育活动

活动名称：综合活动—亲爱的爷爷（奶奶），您好吗？

活动目标：

1.能够知道了解写信的功能和特点。

2.能够用学会的文字、符号或图画的形式写信。

3.激发幼儿大胆表达对爷爷（奶奶）的孝敬，表达对长辈的尊敬和关心。

活动准备：

1.经验：幼儿了解"书信"的有关基本常识。

2.物质：与幼儿人数相等的信封、信纸和彩笔。

活动重点：知道写信是相互关心，增进情感的一种表达方式

活动难点：尝试用学会的文字、符号或图画的形式写信。

活动过程：

（一）导入部分：教师出示信封和信纸，激发幼儿愿意参与写信活动的愿望。

指导语：小朋友，你们今天想给谁写一封信呢？你为什么要给他写信？

重点指导：引导幼儿能够用语言大胆表达出自己的想法。

基本部分

1.鼓励幼儿语言连贯、真切地表达内心的感受。

指导语：你想在信里说点什么呢？

指导重点：鼓励幼儿大胆与同伴进行自由交流。

2.教师出示大信纸，演示写信的格式。

①先写朋友的名字或画朋友的样子，并在后面点上冒号；

②另起一行写信的内容；

③在信纸的右下角写上自己的名字或画出自己的样子；

④最后写上写信的日期。

3.幼儿自由选择信封、信纸，引导幼儿选择恰当的颜色及图案。

指导语：信封、信纸的颜色及图案都代表了什么意思呢？

指导重点：引导幼儿能够根据自己想要表达的内容，选择适合的信纸、信封，如表达想念的可以用颜色柔和的、表达祝贺的可以用红色等。

4.幼儿尝试运用文字或符号写信。

指导重点：引导幼儿在写信过程中注意书信格式，运用不同的表达方式尝试写信。

结束部分

指导语：你们为什么要给爷爷（奶奶）写信？写完信，你心里有什么感觉？

重点指导：激发幼儿大胆表达对爷爷（奶奶）的孝敬，表达对他们的尊敬和关心。

活动延伸：

教师在语言区投放各式信封、信纸，鼓励幼儿能够通过图画或文字表达自己的想法，传递情感。

五、户外活动

活动名称：冰球小超人

活动目标：

1.在往返跑中引导幼儿能灵活躲闪，锻炼幼儿动作的敏捷性和灵活性。

2.能够不畏天气的寒冷，能够主动地参与体育游戏。

活动准备：儿童皮球、比较宽阔的场地。

游戏玩法：两名老师分别站在场地的两边，参与游戏的幼儿在场地中间，当冰球小超人；从场地的一边将皮球抛出，冰球小超人进行灵活的躲闪；如果球碰到冰球小超人，这名冰球小超人则在场地边暂时休息。

指导与建议：

1. 提示幼儿全神贯注参与游戏，进行灵活躲闪。

2. 教师鼓励幼儿不畏天气寒冷，能够主动地参与体育游戏。